Paul Herrmann

Studien über das Stockholmer Homilienbuch

Paul Herrmann

Studien über das Stockholmer Homilienbuch

ISBN/EAN: 9783743376366

Hergestellt in Europa, USA, Kanada, Australien, Japan

Cover: Foto ©Thomas Meinert / pixelio.de

Manufactured and distributed by brebook publishing software (www.brebook.com)

Paul Herrmann

Studien über das Stockholmer Homilienbuch

Studien über das Stockholmer Homilienbuch.

Eine Kritik von Sievers Eddametrik.

Inaugural-Dissertation

der philosophischen Facultät

der

Kaiser-Wilhelms-Universität Strassburg

zur Erlangung der Doctorwürde

vorgelegt von

Paul Herrmann
aus Burg bei Magdeburg.

Burg.
Druck von August Hopfer.
1888.

Herrn Professor Dr. Julius Hoffory

in Dankbarkeit und Verehrung

gewidmet.

1

In seinen „Beiträgen zur Skaldenmetrik" (Paul und Braune, Beiträge zur Geschichte der Deutschen Sprache und Litteratur, Band V, 449—519; VI, 265—377; VIII, 54—80) versuchte Eduard Sievers mit ungemeiner Sorgfalt „durch eine Untersuchung überlieferter dróttkvættstrophen" die Gesetze innerhalb der silbenzählenden altnordischen Dichtung festzustellen. Das Hauptresultat war dieses, dass die bisher für zwanglos gehaltene Beigabe von afkleyfissamstǫfur, d. h. überzähliger Silben bestimmten Gesetzen unterliege; eine Überzahl von Silben kann nur da eintreten, wo zwei kurze Silben rhythmisch an stelle einer Silbe verwandt werden können. Nicht verschleifbare überzählige Silben sind durch Correctur zu entfernen" (Beitr. VI, 265). Drei Mittel führte er bei seiner Forschung streng durch: *A.* das Mittel der Silbenverschleifung; *B.* die Tilgung überschüssiger Silben (1. Elision; 2. Einsetzung kürzerer Wortformen und Streichungen); *C.* Ergänzung fehlender Silben. Was Sievers bei diesen Untersuchungen gewonnen hatte, übertrug er dann auch auf die Eddalieder mit Anwendung desselben Verfahrens (Beitr. VI, 297—376) und fasste schliesslich das Resultat seiner Forschungen in seinen „Proben einer metrischen Herstellung der Eddalieder" (Halle, 1885) dahin zusammen, dass die verschiedenen rhythmischen Formen der eddischen kviþuháttrzeile zurückgingen auf die fünf viersilbigen Grundtypen:

A. $\perp x | \perp x$ *D.* $\perp | \perp x x$
B. $x \perp | x \perp$ *E.* $\perp x x | \perp$
C. $x \perp | \perp x$

und für die Málaháttrzeile stellte er fünf entsprechende fünfsilbige Grundtypen auf:

A. $x \perp x | \perp x$ *D.* $\perp x | \perp x x$
B. $x x \perp | x \perp$ *E.* $\perp x x | \perp x$
C. $x x \perp | \perp x$

Sievers nimmt dann ferner an, dass Verkürzung der Hebung zu $\smile$ gestattet ist „unmittelbar nach einer andern Hebung oder nach einer in der Senkung stehenden nebentonigen Silbe":

z. B. Veg. 14,4   rjúfendr koma
Thrymskv. 26,1   ambótt fyrir

und dass jede Hebung in ⌣ × d. h. eine kurze betonte und eine unbetonte Silbe von gleichgültiger Quantität aufgelöst werden kann:

z. B. Vol. 3,2 né svalar unnir
„   4,3 á salar steina
„   7,1 á Ióavelli.

In betreff der Senkungen stellt Sievers die Regel auf, dass dieselben normaler Weise einsilbig sind, dass jedoch die innere Senkung von A und die Eingangssenkung von B und C oft zweisilbig gebildet werde:

z. B. Vol. 35,4 heldr vǫru harðgǫr
Dr. 1,6 hvi veri Baldri

„als ohne weiteres an diesen Stellen gestattet dürfen betrachtet werden zweisilbige verschleifbare Senkungen, d. h. abermals Silbengruppen von der Form kurz + unbetont." Sievers sah jedoch ein, dass eine ganz bedeutende Anzahl von Versen sich in diese letzte Regel nicht fügen wollten:

z. B. Vol. 5,2 hendi inni hǫgri
„   5,5 hvar þer stuði ǫttu
„   6,5 undorn ok aptan
„   8,2 vas þeim vettergis.

Vol. 5,3; 5,4; 5,5; 9,3; 10,1; 16,3; 18,1; 18,1; 19,1; 19,3; 21,5; 22,1; 22,1; 22,3; 23,4; 24,4; 25,3; 26,3; 27,1; 28,4; 30,1; 30,3; 31,3; 33,1; 34,1; 34,2; 35,1; 37,4; 38,1; 39,1; 39,3; 40,3; 41,3; 46,1; 54,3; 56,3; 59,1; 61,3; 62,2.

Wie man sieht, kommt also fast in jeder Strophe der Vǫluspǫ́ (in den andern Liedern verhält es sich ähnlich) ein Vers vor, der auf keine Weise in die von Sievers festgesetzten Regeln passte und sich durchaus nicht in das Schema des Viersilblers fügte. Denn wenn auch in mehreren dieser Verse mit nicht verschleifbarer Senkung unbetonte Wörtchen wie þú, vér, ér, nú, svá, þú u. s. w. vorkamen, die Sievers durch einfache Streichung zu tilgen suchte, weil der Verdacht vorläge, dass wie in der Skaldenpoesie, so auch in der Edda „das ursprüngliche Verhältnis zwischen normaler und geschwellter Senkung durch Interpolation verdunkelt worden ist", so blieb doch eine nicht unbedeutende Anzahl von Versen mit nicht verschleifbarer Senkung zurück. In diesen übrigen Fällen nun nahm Sievers eine Ausnahme an und gab die Möglichkeit zweisilbiger nicht verschleifbarer Senkung zu. Er trug also in seine Untersuchung eine Regel hinein, die doch erst bewiesen werden soll, und hierauf beruht Sievers ganzes Ergebnis, andere Gründe führt er absolut nicht an.

Auf das Bedenkliche dieses Verfahrens wies zuerst Julius Hoffory in seiner Recension des corpus poëticum boreale hin (Göttingische gelehrte Anzeigen, Nr. 5, 1. März 1888) und hob mit Recht hervor, dass eine solche Unterscheidung, nur geschaffen, um Verse mit nicht verschleifbarer Senkung Viersilbler nennen zu können, „nicht in der Natur der Sache gründet, sondern auf Laune und Willkür beruht"; er stellte die betreffenden Verse als Fünfsilbler hin. Aber noch einen andern wichtigen Punkt der Sievers'schen Metrik widerlegte Hoffory an derselben Stelle. Sievers hatte nemlich (Beitr. V, 462; VIII, 353; Proben, 10) aus demselben Princip der Silbenverschleifung angenommen, dass Vokal vor Vokal ausnahmslos als kurz anzusehen sei: vocalis ante vocalem corripitur; an stelle von búa, glóa, Þróask u. s. w. setzte er bua, gloa, Þroask u. s. w.; ja er liess sogar Kürzung eintreten, wenn das eine Wort mit einem Vokal endete, während das folgende Wort mit einem Vokal begann; z. B. für nú em-k, Því em-k las er nu em-k, Þvi em-k. Hoffory nun wies überzeugend nach durch Vergleichung mit der Schreibweise der ältesten Handschriften, vornehmlich des Stockholmer Homilienbuches, und der heutigen Aussprache, dass auch dieser so wichtige Punkt für das Sievers'sche Gesetz von der Silbenverschleifung nicht nur nicht unbewiesen, sondern sogar „ein schlimmer Verstoss gegen die Gesetze der Grammatik und der Orthographie sei." Also auch hier setzte Hoffory an stelle der Sievers'schen Viersilbler die ursprünglichen Fünfsilbler wieder her; er las fünfsilbig

z. B. Vol. 62,2 búa [Þeir] Hǫdr ok Baldr

Hym. 28,3 Þótt róa kynni *

Hoffory hat jedoch nur die Beispiele angeführt, wo eine Kürzung überhaupt a priori unmöglich wäre; in der folgenden Abhandlung möchte ich die Möglichkeit in Erwägung ziehen, dass eine Anzahl von Versen, die Sievers mit angeblicher Kürzung des Vokals liest, ohne Kürzung des Vokals zu lesen, also Fünfsilbler seien. Wenn dies sich bewahrheiten

---

* Anmerkung: Hoffory macht einen Unterschied zwischen schweren und leichten Silben. Eine schwere Silbe enthält entweder kurzen Vokal mit mehreren Konsonanten oder langen Vokal (resp. Diphthong) mit einem Konsonanten. Eine leichte Silbe enthält kurzen Vokal mit einem Konsonanten oder langen Vokal ohne Konsonanten. Hiernach wäre also búa, trúa u. s. w. eine leichte Silbe. Ich muss gestehen, dass diese Unterscheidung mir als eine etwas gesuchte erscheint, zumal Hoffory mit aller Entschiedenheit sich gegen die Verkürzung von búa u. s. w. wendet. Wenn Vokal vor Vokal nicht gekürzt wird, muss Þó ekr fylker ebenso correct gebaut sein wie Þó kømr fylker. H. Hu. I, 19 (G. G. A. 156).

sollte, würde die Zahl der Fünfsilbler ganz erheblich vermehrt werden, und es gälte, nachzuweisen, ob der Vokal lang ist an unbetonter Stelle oder kurz. Diese Frage lässt sich mit Sicherheit beantworten durch das Stockholmer Homilienbuch. Das Stockholmer Homilienbuch (St. H.) ist die massgebende Handschrift in bezug auf Accentuation, da keine andere dieselbe so regelrecht durchgeführt hat. Dass der Accent im St. H. oft da fehlt, wo er stehen sollte, beweist nichts; denn das ist auch bei andern Wörtern der Fall (z. B. 4ᵐ svat für svát, 4ᵐ het für hét, 5ᵐ sa für sá, 5ᵐ hve für hvé u. s. w.), und grade bei häufig erscheinenden Formen fehlt am leichtesten der Accent; auf Kürzung darf man nur dann schliessen, wenn ein sehr häufig gebrauchtes Wort niemals accentuirt ist. Das Hauptgewicht wird also darauf zu legen sein, ob überhaupt die betreffenden Formen mit einem Accent versehen erscheinen, und ob sie dann betont sind oder unbetont; denn wenn an unbetonter Stelle im Satze der Accent öfter steht, ist Kürzung überhaupt nicht eingetreten, d. h. auf die Metrik übertragen: Verschleifung nicht anwendbar.*

Ich werde im Folgenden zuerst die Praeteritalformen von *vera:* vǫrum, vǫro, værum, være, sodann die Pronomina þú, ér, vér, mér, þér, sér und schliesslich die Partikeln nú, svá, þá, þó behandeln.

A. Das Verbum vera.

Beitr. VI, 312 sagt Sievers, „dass die langsilbigen Praeteritalformen der Copula vesa (vǫrum, væra etc.) an zweiter Stelle des Verses, d. h. also in der Senkung des ersten Tactes, stets einen scheinbaren Überschuss einer Silbe bedingen, während sie in der Hebung, wie in der Kunstskaldik, regelrecht als $\perp \smile$ ohne Störung des Verses erscheinen. Die Erklärung dieser Erscheinung liegt offenbar darin, dass neben den betonteren Formen vǫrum, væra etc. die Aussprache auch enklitische

---

* **Anmerkung:** Die Citate der Abhandlung sind der Ausgabe von Theodor Wisén entnommen: Homiliu-Bók. Isländska Homilier efter en Handskrift från tolfte Århundradet (Lund 1872); etwaige Abweichungen erfolgten nach Ludwig Larsson: Studier över den Stockholmska Homiliebokeu (Lund 1887); vgl. ferner Wisén: Textkritiska Anmärkningar till den Stockholmska Homilieboken (Arkiv for Nordisk Filologi, Band IV); Wisén: Några Ord om den Stockholmska Homilieboken. Ett Genmäle (Lund 1888).

Formen vǫrum, værn etc. kannte, und dass die Dichter mit richtigem Gefühle diese enklitischen Formen an den unbetonten Stellen des Verses gebrauchten; natürlich mussten die durch ihre Enklise verschleifbar gewordenen Formen nach der allgemeinen Regel verschleift werden." Sievers führt sodann als Belege folgende Stellen aus der Edda an:

V. 35,4 heldr vǫru harðgǫr
Dr. 1,1; Ham. 13,1 senn vǫru æsir
Ham. 14,5 senn vǫru hafrar
Rp. 34,7; Hyndl. 14,5. 28,9; Br. 20,5; Gu. II 4,5; Hv. 4,7.
Sig. 28,7 síðr vęra-k heitinn
Dr. 1,6 hvi vęri Baldri
Ham. 4,4 at vęri ór silfri

Hu. II 32,1; Gu. I 18,3. 18,4; Gu. II 2,3; Hv. 15,7; wozu ich noch ergänzen möchte: Hym. 14,5 þar vǫru þjórar. Sievers fasst also diese Verse als Viersilbler mit verschleifbarer Senkung auf.

Vergleichen wir hiermit die Fälle, wo die Praeteritalformen von vesa: vǫrom, vǫro, værem, være resp. vǫrom, vǫro, værem, være im St. H. erscheinen.

Ohne Accent finden wir folgende Formen; da dieselben für diese Untersuchung ohne weiteren Einfluss sind, beschränken wir uns darauf, nur je ein Beispiel anzuführen von den verschiedenen Formen des Verbums vesa und die übrigen Stellen einfach zu notieren.

1. Die Praeteritalformen von vesa ohne Accent.

St. H. 29 [11] — er ǫss inrþnesca meʀ es aþr voɹrom i synþom getuer.
1 [4] alldre þessa heims voro guþs viner otlger.
7 [a] En droteɴ átte at taka likam meþ þeire meyio es sva være hreinlif.
51 [m] — aþr ver vęrem leyster.

1[1] 1[10] 3[17] 4[12] 5[4] 6[11] 6[10] 7[a] 7[10] 8[4] 10[11] 13[11] 13[11] 13[14] 14[4] 16[a] 16[17]
17[3] 18[14] 19[16] 21[11] 22[6] 22[11] 22[21] 22[a] 22[11] 23[a] 23[a] 23[11] 23[11] 24[10] 29[a]
29[11] 31[11] 35[m] 37[1] 40[10] 46[11] 46[14] 46[11] 48[11] 50[10] 51[14] 51[m] 52[10] 54[a] 54[14]
54[10] 54[11] 55[16] 55[11] 57[11] 57[11] 58[11] 58[10] 58[11] 59[10] 60[11] 61[a] 66[10] 68[4] 68[11]
68[11] 68[15] 69[11] 69[11] 71[14] 72[11] 72[14] 73[1] 74[a] 74[11] 76[11] 79[14] 82[11] 82[14] 82[11]
82[10] 82[11] 85[4] 87[11] 87[11] 94[11] 95[1] 96[11] 97[10] 97[11] 99[10] 104[11] 114[11] 117[11]
118[14] 118[11] 118[11] 118[14] 118[11] 119[1] 120[15] 120[14] 120[11] 121[a] 124[1] 124[4]
127[11] 127[11] 127[10] 127[11] 127[14] 128[1] 128[a] 128[11] 128[15] 130[1] 130[11] 130[10]
131[11] 131[11] 133[1] 133[14] 134[10] 138[11] 138[14] 139[10] 141[10] 143[1] 145[4] 150[10]

152¹ 152² 152¹⁰ 152¹² 153¹¹ 153¹⁵ 154¹² 155¹⁴ 156ᵃ 156ᵇ 156¹⁵ 157²⁰
157⁴³ 157ᵐ 158²ᵐ 163¹⁵ 163¹¹ 163⁵ 165¹ 165¹² 165⁴¹ 166¹ 166ᵇ 166ᵃ
166ᵇ 167¹ 167ᵃ 167¹⁴ 167¹¹ 169¹⁶ 170¹ 170²⁴ 171¹⁰ 172²³ 172⁴¹ 173¹
174¹³ 174³¹ 175³¹ 176¹¹ 178¹⁵ 181¹² 183²⁸ 184²⁵ 189²⁷ 189³¹ 189¹ᵇ 190¹
190³¹ 201¹⁷ 202¹⁶ 203⁴² 204ᵇⁿ 207ᵃ 207ᵗ 207²¹ 207¹¹ 209ᵇ 209ᵇ 209³⁷
217⁷⁷ 220¹.

2. Mit Accent, das Verbum in seiner vollen Bedeutung, betont.

20¹¹ — oc ver ættem — — epter þeNa heim. værem þa fleyger... 21¹² oc hverso sæll sa maþr vére er nçþe þeira návisto ahra 32²³ þóat sva illa hafem vér fyr oss leitat es vér vorom guþs born 40¹¹ þeir es skapaþer væro i vpphafe heims 40¹⁵ heldr oc ollom helgom monnom þeira es fyrster væro alldar fepr. 40¹⁷ — þeim es fyrer lǫg væro oc under lǫgom 41³ svát keNingar þeira eildese of allan heim sem vǫro postular guþs oc lærisveinar 54¹² — hann leyste þa er vnder lǫgom vóro 57¹¹ meþan þeir vóro með herode 104¹⁰ eþa ellegar hvartveGGia være 107¹⁸ er vęnst være at — 118ᵃ at gera sva við hveru sem vertt være 129ᵃ er aþr vóro þeir 138²⁰ eþa vera konungr yfer þeim es comner væro fra iacob 148²⁰ Dauþr vas hann likams dauþa til at gefa oss aNdar lif es áþr vórnm dauþer i synþom 175⁷² þeir es þar væro 183¹⁰ þa es væro i beþleem 183¹⁰ J beþleém — væro sveinar dreþner 188¹⁰ þuiat ef synþ væri i rétholldnom hiuscap 204¹⁰ þeir es þar væro 204²¹ en þa væro áþr þurkor 207⁶ Tio systkin væro i borg þeiRe es cesarea heiter.

3. Mit Accent, das Verbum nur als Hilfsverbum, unbetont.

1⁷⁷ þuint til eiNar miscuNar væro kallaþer aller kyn adams fyr lǫg 1⁵⁶ — þuint a hueRe tið þessa þriGGia væro marger þeir es nu ero — 24¹⁵ sem þeir vóro fúser fra at ganga 36¹⁷ Sicut imbrodagar væro setter forþom til likamlegs árs a iorþo sva — 38¹⁰ þui iarteiner sa hlutr crosseNs es feótr hans vǫro a neglder — 40¹¹ þess lifs væro hoffingiar þeir ubél eN retláte oc enóch — 40²⁰ þessom næster væro domendr uNder lǫgom — 40¹² þar næst væro spámeN þeir es fyrer sægþo 40¹¹ — at enge være honom betre maþr boreN 41ᵃ sumer væro sverþom hogner 42¹ oc væro siþsamer i life — 75¹⁶ at ond ór være eige lenge i otrú dauþa 95²⁷ þót þess være freistat 123³ baþse þrvsvar fyrer áþr hann være píNdr 138²⁷ at hánn sótte mario ne hann være faþer iesu 143³¹ er áþr væro scapþer til lifs 173²⁰ nema þér være leyft af himne 175¹¹ En þar væro margar conor 177¹ at stephanus være i dag boreɴ 178²² at eige væro åstlaús avit hans 180²⁶ þuiat þeir væro seygner iɴan at 200¹⁵ þrir golleger kistlar vóro fuller 200¹¹ Seoner alfei oc Marie vóro þeir iacobus ... ioseph ... simon oc iudas 200.¹⁵ Þeiʀa soner vǿro þeir iacobus .. oc iohannes 200²⁴ þrir væro bueɴdr anne 200²¹ þriár væro deötr aɴe 205⁵ eþa altáre væro honom vigþ 208¹ þuiat ǿn væro syslolaúʀer postolar guþs 210¹⁴ eɴda være eige fullt ynþe i himnom ef nacqvat þǿtte illa.

Suchen wir aus den oben angeführten Beispielen ein Resultat zu ziehen; im ganzen kommen die betreffenden Formen von vera 240 mal vor: davon fallen auf die nichtaccentuirten 189, auf die accentuirten und betonten 22, auf die accentuirten aber, die keinen Ton im Satze tragen, 29. Also, 79% sind ohne Accent, 8% mit Accent und betont, und 12% mit Accent und unbetont. Da demnach 12% der Praeteritalformen von vera mit einem Accent zum Zeichen der Länge versehen sind, obwohl sie keinen Ton im Satze tragen, und da das Vorkommen des Accentes in allen Fällen Länge beweist, geht daraus hervor, dass sie zur Zeit des St. H. lang waren und also auch zur Zeit der Skaldenpoesie nicht kurz gewesen sein können, mithin auch niemals aufgelöst werden können. Daher sind die sämtlichen, oben angeführten Fälle, in denen Sievers vǫ́rum u. s. w. als kurz ansetzt, nicht richtig; nicht richtig ist es dann auch, diese Verse als Viersilbler zu lesen, sondern auch sie sind zu den von Hoffory wiederhergestellten Fünfsilblern zu rechnen.

Hatte Hoffory schon bei Betrachtung des Gesetzes von der Silbenverschleifung auf das willkürliche Verfahren Sievers' hingewiesen, dass er, je nachdem es seinen Regeln passte, Silbenverschleifung annahm oder als Ausnahme nicht eintreten liess, so zeigt sich auch dies in der Art, wie Sievers die Praeteritalformen von vera behandelt. Im kviþuháttr kam es ihm darauf an, Viersilbler zu bilden, und im Málaháttr Fünfsilbler: hiernach richtet er die betreffenden Formen von vera ein. In seinen „Proben einer metrischen Herstellung der Eddalieder" behandelt Sievers von den eddischen Liedern, die im kviþuháttr verfasst sind, die Vǫluspǫ́, Vegtamskviðu, Þrymskviða und Hymiskviða, von den Liedern im Málaháttr die Atlamǫ́l.

Kurz setzt Sievers vera in folgenden Versen an:
Vol. 35,4 heldr vǫru harðgǫr
Vegt. 1,1 senn vǫru æsir (Thrymskv. 13,1)
„ 1,4 hvi veri Baldri

Hymiskv. 14,3 þar vǫru þjórar.
Als lang lässt Sievers vera nur einmal gelten:
Vol. 8,1 teitir vǫru.
„Man merkt die Absicht —". In den fünf zuerst angeführten Fällen musste *vera* verschleift werden, um den Viersilbler herauszubekommen; es konnte aber lang bleiben in: Vol, 8,1 teitir vǫru, weil sich hier schon ohne Correctur ein Sievers'scher Typus ergab, und zwar Typus *A*. Wie steht es nun mit der im Málaháttr verfassten Atlamǫl? Betrachten wir z. B.

Atl. 91,3 naut vǫru ærin.

Wer nicht weiss, dass dieser Vers ein Málaháttr sein soll, wird sicher nach der Sievers'schen Regel vǫru als verschleifbare Senkung auffassen und lesen

naut vǫru ærin

er erhielte also einen Viersilbler. Nun aber ist dieser Vers ein Málaháttr, muss also fünfsilbig sein: also wird vǫru nicht aufgelöst, behält seine Länge und der Fünfsilbler ist gerettet.

Auch sonst kommen in der Atlamǫl die langen Formen ebenso häufig vor als die kurzen, denn natürlich, um eine Silbe mehr, um einen Fünfsilbler zu bekommen, musste die Länge möglichst geschont werden.

Wir finden vera kurz in der Atlamǫl:

Atl. 1,4 es vǫru sannráðnir
„ 12,1 sem undir væri
„ 18,3 at væri hamr Atla
„ 20,2 at væri grand svefna
„ 21,3 ráð [þú] hvat þat væri*
„ 41,4 fyrr vǫrum fullráða
„ 68,2 es vǫru sakar minni
„ 85,4 at [hann] væri grimmr Atla
„ 100,3 sem vit holl værim.

Lang aber bleibt *vera* in folgenden Versen:

Atl. 5,2 es [þeir] vǫru komnir
„ 9,4 vǫru svá viltar
„ 29,3 fleiri til vǫru
„ 30,1 synir vǫru [þeir] Hǫgna
„ 51,3 vǫrum þrír tigir
„ 52,1 Brœðr vér fimm vǫrum

* Anmerkung: Die eingeklammerten Pronomina streicht Sievers.

Atl. 57,3 meðan heilir vǫrum
„ 69,1 Alin (vit) upp vǫrum
„ 91,8 naut vǫru œrin
„ 95,1 þriu vǫrum systkin.

B. Die Pronomina þú, ér, vér, mér, þér, sér.

Nicht ganz so einfach wie bei den Praeteritalformen von *vera* ist Sievers Verfahren bei den Pronominibus: þú, ér, vér, mér, þér, sér. Sievers schlägt bei diesen zwei verschiedene Wege ein: entweder tilgt er sie, „weil man sich durch die Streichung des Pronomens keines unerlaubten Angriffs auf sprachliche Gesetze schuldig macht .. wie zahlreiche Beispiele von Stellen beweisen, an denen auch die Überlieferung den alten freieren Gebrauch der Verbalform ohne Pronomen erhalten hat" (Beitr. V, 511) oder er nimmt „entsprechend dem enklitischen vǫru" auch enklitische und daher in der Senkung verschleifbare Formen þu, mer, þer, ser neben den betonten þú, mér, þér, sér an.

„Entsprechend dem enklitischen vǫru —"

Dass vǫru gar nicht enklitisch gebraucht ist, hoffen wir oben bewiesen zu haben; es wird also gerechtfertigt sein, wenn wir nicht ohne Misstrauen an die Behandlung der Pronomina herantreten. Doch führen wir zur Erklärung von Sievers Verfahren erst einige Beispiele an. Sievers tilgt die Pronomina z. B. in folgenden Fällen:

Vol. 27,4 vituð [ér] enn eða hvat
„ 28,4 hvar [þú] auga falt
Thrymskv. 23,4 einnar [mér] Freyju
„ 29,3 Lát[tu] þor af hǫndum
Atl. 16,3 svá [vér] mættim ekki u. s. w.;

er behandelt die Pronomina enklitisch und liest den Vers mit Verschleifung z. B. in:

Vegt. 6,2 seg[ðu] mer ór helju
Thrymskv. 27,4 þykki mer ór augum
„ 29,3 Lát[tu] þer af hǫndum
Hym. 17,3 Hverf (þu) til bjarðar
„ 34,3 hóf ser á hǫfuð
„ 36,1 Hóf [hann] ser af herðum u. s. w.

Beginnen wir mit dem pron. der 2. ps. sg. þú und vergleichen wir das Stockholmer Homilienbuch; wir betrachten unter a) die Fälle, wo þú dem Verbum nachgestellt ist, unter b) wo das Verbum nicht direkt mit dem Pronomen þú verbunden ist, und unter c) wo þú dem Verbum vorangeht.

1. Das Pronomen der 2. ps. sg. þú.

a) þú hinter das Verbum gestellt.

α) þú „ „ „ „ und getrennt geschrieben.

truer þu 11¹³ lát þu 32¹ leys þv 84³³ leiþ þu 35³ vnþer þu 50¹⁰ sleitz þu 55²⁰ telesk þu 60¹² lætr þu 83¹⁰²¹ hever þu 87⁷² heyr þu 99¹ snuse þu 106¹⁵ scall þu 131³⁶ ert þu 137⁷ fyrgef þu 135⁴⁵ queþr þu 145¹ fynder þu 145⁹ mynder þu 145¹² mætter þu 145¹⁴ mynder þu 153⁷⁷ hefer þu 153²⁷ villder þu 157¹⁸ hyGver þu 166⁷⁷ er þu 167³ ætlar þu 171¹ spyr þu 171¹⁷ svarar þu 171²⁸ georer þu 189⁵ scallt þu 192¹ 193³⁴ meineiþer þu 192⁸ giallt þu 192⁹ elsca þu 192¹¹ biþ þu 192¹⁴ ¹⁵/₁₈ seger þu 192³⁰ snýse þu 193²² lucn þu 194⁷⁷ keNd þu 194⁸⁴ wes þu 195¹² valld þu 195¹⁸ leiþ þu 199¹⁵ seilseþu 200²⁰ sér þu 202²⁷ skilr þu 202³⁴ boþar þu 214¹⁵ lagþer þu 214¹⁹ ²⁰ mællter þu 214²³ gorþer þu 214²⁵ etlaþer þu 214²⁹ bióþ þu 218⁶ seger þu 218⁸.

β) þú hinter das Verbum gestellt und zusammengeschrieben.

scaldu 11¹² ertu 13⁸ 171¹⁵ 172¹⁰ 178¹¹ átþu 13¹⁰ gefþu 31¹ 34¹ 35¹⁷ 192³⁶ 198²⁵ fyrgefþu 35¹ 118¹⁴ 135²⁵ 136¹⁸ 179²¹ 198³⁰ litþu 50²³ haltu 50³¹ mafþu 50⁸ elscaþu 51⁷³ lemþu 51²⁸ verpþu 51⁷¹ mixzþu 68⁴⁵ farþu 72²⁴ 129¹⁹ 203²¹ ²⁵ biofþu 107²³ monđu 129¹⁹ scalttu 132¹⁴ scallþu 132⁷⁷ monþu 132²⁵ scalltu 132²⁵ 192⁷⁷ ²³ ³¹ munþu 139¹⁴ mundu 139¹⁷ máttu 139¹⁶ felþu 171¹ villþu 171⁴ spyrþu 171¹⁷ svararþu 171²⁸ faþu 171³⁰ spáþu 172⁸ ertþu 172²⁵ áttú 173³¹ lúcþu 176³⁰ scaldtu 191²⁵ 192¹ scalldu 191³⁶ hirtu 192¹ elscaþu 192² ¹¹ ³³ witiaþu 192³ grafþu 192³ láttu 192¹ ⁴⁰ mixztu 192⁸ hafþu 192⁸ georþu 192⁹ ¹⁰ ²² berþu 192¹¹ vestu 192¹³ ²¹ ²⁶ vestþu 192¹⁴ setþu 192¹⁵ hrætstu 192¹⁶ hafþu 192¹⁷ girnstu 192¹⁸⁷ vittu 192²⁷ varþveittu 192²⁰ leitaþu 192²⁶ minstu 192²⁷ fylgþu 192²⁷ gæfgaþu 192²⁸ fyrþu 195¹⁴ feórþu 195¹⁰ seófþu 214⁸ callaþu 214⁸.

b) þú nicht direkt beim Verbum stehend.

Fyrgef sva þv oss 31"," þuiat þu eix ert 50²⁰ мox eige þu draga 75"⁸ hirþ eige þu at hræþase 131²¹ hræþe eigi þu at varþveita 137¹⁴ heilþu мaria 138¹⁰ Ef þu maþr feórer 145° at ee siá i þeim, en þu i mér 170¹⁶ kona, só herþu son þix 175° Snú fra þu aúgo min 186¹⁸ oc þu góþr þræll 194¹¹ þu siálfr 194¹⁷ þu en séla domina 195° Ei þu heill ex góþe þræll 218¹⁹.

c) þú vor dem Verbum.

þu ert 13°¹⁰ 29¹¹ 128²⁹ 132¹¹ 192²⁰ 202⁷ þu er 50¹¹ 88¹⁰⁴ þót þu viler 13⁸⁰ allzþu bart 50⁷⁷ þuiat þu frestaþer 50²⁵ þoat þu matese 63²¹ þat es þu mátt 64¹² þa es þu biott 83⁷⁷ at þu hever 86¹¹ 128⁵⁰ 128²¹ þu lætr 86¹¹ 95¹⁵ 97⁵² þat es þu þeger 88¹¹ þu hefer 95¹³¹⁶ 194⁷² svn at þu mux 96⁷² þa es þu veiter 97²⁵ en þu mox 95⁵⁰/₁₀ þuiat þu voitzt 97³¹ þat es þu veist 103²⁷ þat es þu veilst 103²⁶ En þu elsca 113²¹ Allzþu mœler 113³⁰ at þu gorer 122²⁰ þu þorer 128⁵⁰ þuiat þu muxt 131²¹,₂₇ at þu vissir 132¹⁵ þu fort 132¹⁶ þa er þu keomr 132⁵⁰/₁₀ at þu farer 132⁴¹ þu keomr 132⁵ þu hitter 132³⁰ þuiat þu faxt 134¹ þa es þu mux 139¹⁴ þa es þu reýner 139¹³ þu hefer 145⁴ ef þu vill 145⁵ 153¹⁰/₂₇ þar es þu visser 145¹¹ ef þu toker 153¹⁷ at þu taker 153²⁰ svat þu scall 153²¹ þu vill 157¹⁰ þu villder 157¹⁴ þu byGver 167² þu hafþer 168¹ þu varþveiter 170¹⁰ þu sexder mie 170¹¹¹⁵¹¹ þu gaft 170¹⁶¹⁰¹⁰ þu elscaþer 170¹⁷ þu sexder 170²¹ þu elscar 170²² þu scall 192¹³ En þu ætla 192¹⁷ Ef þu verþr 192³¹ þu barmaþer 194¹⁰ þu tóc 194¹⁴ þu þolþer 194²¹ at þu birt 194²⁰ þu þior 195³ en þu efl mic 195¹⁷ þu es 196²⁰ sem þu veist 200⁷¹ þa es þu vill 201²⁵ at þu scyllder 202⁷ þuiat þu spurþer 202⁴ at þu hafa 203⁴ þat es þu heýrþer 203¹⁵ ef þu fiþr 203²⁰²³ En þu hataþer 214¹⁴ at þu vast 218²⁰.

Das Resultat also ist dies: 229 mal begegnen wir der Form þú; unter den 55 Fällen von a/α) dass þú nachgestellt und getrennt geschrieben ist, befindet sich kein accentuirtes þú, in den 83 Fällen von β) dass þú nachgestellt, aber zusammengeschrieben ist, nur 1 accentuirtes þú, in den 12 Fällen von b) dass þú nicht direkt beim Verbum steht, kein accentuirtes, und in den 87 Fällen von c) dass þú dem Verbum voransteht, abermals kein accentuirtes þú.

Die Erklärung hierfür dürfte nicht allzufern liegen. þú wurde schon früh im Altnordischen als Enkliticon mit dem vorangehenden Verbum verbunden, wie dies auch die 85 Fälle von a/β) gegen die 55 von a/α) beweisen, dann mit dem Verbum als eins gefühlt und das lange ú wurde zu u verkürzt; dieses kurze u kann mit kurz o wechseln, wie das kurze u in der Endung überhaupt, z. B. ǫrmum, ǫrmom u. s. w.; auch hierfür hat schon das St. H. einige Belege: fyr gefþo 31", leýsto 32' heýrþo 192¹², leýsto 200' (nach Larsson); dazu kommt, dass þú auf einen Vokal endigt und leicht zur Ableitungssilbe herabsinkt.

In betreff der Kürzung von þú also dürfte Sievers recht haben; doch scheint er selbst hierauf nicht viel Gewicht zu legen, denn in seinen Proben lässt er diese nur wenige Male eintreten: z. B. Hym. 17,3 Hverf(þu) til hjarðar; doch nimmt Sievers auch hier ev. Tilgung an; ferner:

Hym. 6,1 Veiztu ef þiggjum
" 12,1 Seþu hvar sitja
Atl. 84,2 Þaztu æ beiðisk
" 84,3 Segðu þér slíkar
" 90,4 fórtu heim hingat
" 99,3 gorðu nú, Guðrún
(Lok. 48,3 þu munt æ vesa; also nur einmal ist þú gekürzt, wo es dem Verbum vorangeht, in allen übrigen Fällen stand es hinter dem Verbum und war mit demselben zusammengeschrieben). — — —

Wenden wir uns zu den Fällen, wo Sievers Tilgung von þú verlangt. Er streicht þú in folgenden Versen:*
Vol. 28,4 hvar[þu] auga falt
Veg. 14,1 Heim ríð [þú] Óðinn
Thrymskv. 6,4 hefr [þú] Hlórriða
" 9,1 Hefr (þú) orendi
" 17,4 nema [þú] þinn hamar
Hym. 11,1 Ves (þú) heill, Hymir
" 17,3 of (þú) hug truïr
" 19,4 enn [þú] kyrr sitir
" 26,2 at (þú) heim hvali; ebenso in der Atlamǫl:
Atl. 10,4 heiman gørisk [þú] Hǫgni
" 10,5 far [þú] í sinn annat
" 21,1 gengir [þú] at hanga
" 21,3 ráð [þú] hvat þat væri
" 39,3 hirðat [þú] oss hræða
" 57,4 at [þú] mátt sjálfr valda
" 65,3 mist hefr [þú] þér hollra

* Anmerkung: Ich beschränke mich auf die in den Proben „metrisch hergestellten" Eddalieder; weitere Beispiele bietet Sievers Beitr. VI, 327—35.

Atl. 75,4 ef [þú] reynir gørva
„ 79,1 Maga hefr [þú] þinna
„ 79,1 mist sem [þú] sizt skyldir
„ 79,2 hausa veizt [þú] þeira
„ 82,1 es [þú] gørva svá máttir
„ 82,4 mér lætr [þú] ok sjǫlfum
„ 83,5 nú hefr [þú] enn aukit
„ 83,6 gørt hefr [þú] þitt erfi
„ 89,1 Vaðit hefr [þú] at vigi
„ 98,1 Komtat [þú] af því þingi.

Stehen lässt Sievers þú in folgenden Versen:

Thrymskv. 17,2 þegi þú, þórr —
Hym. 2,4 þú skalt ǿsum
„ 32,4 þú'st, ǫldr, of heitt
Atl. 15,4 þars þú blæju sátt
„ 39,4 ef þú eykr orði
„ 54,1 Getr þú þess, Atli
„ 60,3 einn þú því ollir
„ 82,3 drýgt þú fyrr hafðir
„ 84,2 þá hefr þú árnat
„ 94,1 Lýgr þú nú, Atli
„ 98,2 at þú sǫk sóttir
„ 99,1 Lýgr þú nú, Guðrún.

(Aus der Lokasenna möchte ich an die so oft wiederkehrende Antwort Lokis erinnern:

Lok. 17,2 þegi þú, Jǫunn
„ 20,1 þegi þú, Gefjon; ferner 22,1; 26,1; 30,1; 32,1; 34,1; 38,1; 40,1; 46,1; 48,1; 56,1; 57,1; 59,1; 61,1; 63,1.)

Ist nun aus den angeführten Beispielen ein unterscheidendes Gesetz zu ersehen, weshalb þú bald getilgt werden muss, bald stehen bleiben kann? Nein, sondern wie der Vers gerade zu den Sievers'schen Grundtypen sich fügt, bleibt þú stehen oder wird gestrichen. In Atl. 82,3 drýgt þú fyrr hafðir, Atl. 84,2; 94,1; 99,1 nimmt þú dieselbe Bedeutung und Betonung ein wie Vegt. 14,1 Heim ríð [þú] Óðinn, Atl. 10,5; 21,1; 21,3; 39,3; 65,3; 79,1 u. s. w.; aber es bleibt dort stehen, weil wenn es gestrichen würde, eine Silbe zu den Sievers'schen Typen fehlen würde.

— Wenn ich nun auch zugeben will, dass „man sich durch die Streichung des Pronomens keines unerlaubten Angriffs auf die sprachlichen Gesetze schuldig macht," so ist doch die Art, wie Sievers bei seinem

Streichen vorgeht, zu verwerfen; denn mit demselben Grunde könnte
ich in den Fällen, wo Sievers þú streicht, es stehen lassen, mit demselben Grunde aber auch, wo Sievers stehen läszt, streichen.

2. Das Pronomen der 2. ps. plur. ér.
Das Pronomen der 1. ps. plur. vér.

Wir wenden uns zu den übrigen Pronominibus, wollen jedoch des
kürzeren Verfahrens wegen, ér und vér zusammen behandeln und
ebenso mér, þér, sér. Für ér und vér nimmt Sievers keine Verschleifung an, er begnügt sich damit, sie an den betreffenden Stellen durch
Streichung zu entfernen. Ich wende mich sofort zum St. H. und gruppire
nach derselben Einteilung wie oben þú.

a) ér dem Verbum nachgestellt
α) ér ״ ״ ״ und getrennt geschrieben.
α*) ohne Accent.

tœmezk er 27^(m) eroþ er 53^(14) gœreþ er 61^(10) elskeþ er 118^(1) heyreþ er 218^(4).

α**) mit Accent.

þurfoþ ér 29¹ lateþ ér 53¹⁰ þvæze ér 62¹ scoloþ ér 79¹¹ 114^(m) 153¹⁴
164¹⁴ 187¹⁰ 193^(22) 216¹⁴ 217¹³ 218^(m) heyreþ ér 83¹⁵ hyɢeþ ér 91¹¹ fiɴeþ
ér 91¹² vitoþ ér 93² 193¹ fleœþ ér 104¹ virþeþ ér 105²¹ helgeþ ér 106¹¹
þvætsc ér 107¹⁵ monoþ ér 114¹⁰ 117^(m) 172¹ 218²¹ þykcetsc ér 114¹⁰
eroþ ér 140^(m) hafeþ ér 156^(m) megiþ ér 158^(m) comiþ ér 163¹ elskiþ ér
163¹ geriþ ér 163¹ fareþ ér 165¹ hafiþ ér 167¹ 167^(m) láteþ ér 170^(m)
fǫroþ ér 170^(m) tókoþ ér 170^(m) vileþ ér 173¹ takeþ ér 173¹³ séþ ér 174¹
veseþ ér 178²¹ elskeþ ér 179^(m) megoþ ér 183¹⁰ 184^(22) 195^(22) verþeþ ér
184^(m) georeþ ér 187^(m) fylloþ ér 187¹⁵ 189¹ auseþ ér 187^(m) vileþ er 189¹⁰
comeþ ér 194¹⁰ 218¹⁰ fyrgefeþ ér 198^(23) gereþ ér 208^(m) varneþ ér 216¹⁴
fleeþ ér 216¹⁰ bindeþ ér 216^(m) gófoþ ér 218¹⁷ ¹⁰ gœreþ ér 218^(22).

β) ér dem Verbum nachgestellt, aber zusammengeschrieben.
α*) ohne Accent.

fyrgefeþer 34^(m) megoþer 45¹⁴ fleoeþer 49^(m) fagneþer 49²¹ heiteþer 51¹³
foreþer 52¹⁴ takeþer 73¹⁵ hlýgeþer 87¹.

α**) mit Accent.

megoþér 13¹¹ verþeþér 25¹ komeþér 43²¹ seþér 50¹³ vakeþér 67².

b) ér nicht beim Verbum stehend.

— at ér breóþr monoþ 15⁴ Ér, góþar conor bǫlveþ 53¹⁵ Ér deótr ierusalem gráteþ 174¹¹ Hyggeþ at ér góþer brøþr 178² Heyreþ þar ér nu 216¹⁶ hverfeþ a bravt ér fra — 218¹⁶.

c) ér vor dem Verbum stehend.

α*) ohne Accent.

Þót er megeþ 10⁶ — i auglite mino er fyr gerþoþ 49¹⁵ hui er scoloþ heita 51¹⁶ ef er gereþ 52¹⁴ er ésteþ 53²⁷ Fyrst er taleþ 61¹⁶/₁₈ — en er ovirþiþ mic 88⁵.

α**) mit Accent.

ér cunoþ 4² ér feóreþ 4¹¹ ér fixeþ 4¹⁹ 57¹⁵ ér vileþ 4¹⁸ 45¹⁸ ér megoþ 15⁴ ér hófoþ 15⁹ ér bindiþ 16⁵ ér leyset 16⁸ ér croþ 16¹⁰⁻¹¹ ér es fylgþoþ 16¹⁷ ér biþit 28⁷⁵ ér hafeþ 49¹¹ 53¹ ér þiggiþ 50⁷ ér seþ 50²⁴ ér scoloþ 53²⁵ ér vixeþ 58²⁰ ér gereþ 53¹⁴ ér munoþ 66⁴ ér fyrgefeþ 73¹⁷⁻¹⁸ ér croþ 77²⁰ 86¹⁸ 87⁹/₁₀¹¹ 93¹ 100⁴ 124¹⁰ 193⁴ ér séþ 83¹⁰ ér heyreþ 83¹¹ ér hafeþ 87¹⁹ ér ovirþeþ 87²⁰ ér megeþ 91¹⁸ ér reógeþ 106²⁰ ér gereþ 115⁴ 117¹⁴ ér saneþ 118³ ér ganget 122¹¹ ér hafiþ 141²⁰ ér mcgeþ 144²⁰ ér vileþ 144²¹ ér megoþ 157⁸ ér viliþ 158²⁴ ér geritsc 163¹⁰ ér fixiþ 165⁴ ér byaviþ 166²⁹ ér leiteþ 170¹⁷ ér segeþ 172¹ ér feórþoþ 173² ér heýrþoþ 173⁴ ér vileþ 173¹¹ ér monoþ 174¹³ ér fyrgefeþ 179¹⁹ ér séþ 179²⁰ ér lǽgeþ 183¹⁹ ér verseþ 184¹³ ér hyggeþ 193¹⁵ ér comeþ 193²⁰ ér fixeþ 193²⁰ ér comeþ 193¹¹ ér biþetsc 195²⁰ ér eteþ 215¹⁷ ér halldeþ 217¹¹ ér calleþ 217¹⁷ ér muneþ 218¹³ ér standeþ 218¹⁴ ér biþeþ 218¹⁷ ér syngeþ 218¹⁷/₁₈ ér mæleþ 218¹⁴ ér stǫþveþ 218¹⁴ ér séþ 218²⁰.

Von den 159 Fällen also, wo das Pronomen der 2. ps. plur. ér erscheint, sind nur 20 ohne Accent, 139 aber mit Accent versehen, sei es dass ér hinter (a), getrennt (b) oder vor dem Verbum (c) gestanden hat. Ich glaube, dies ist ein schlagender Beweis dafür, dass ér niemals, selbst nicht, wenn es enklitisch an das Verbum gehängt wurde (von den 18 Fällen unter a/β sind 5 accentuirt) gekürzt wurde. —

Das Pronomen der 1. ps. plur. vér.

a) vér vor dem Verbum.

α*) ohne Accent.

ver megom 3² ver skipem 4⁴ ver þurfom 9¹ ver kvnem 9⁸ ver verom 9⁷/₁₀ ver ǽttem 9⁸ ver hafem 10¹⁷ ver kuxem 10¹¹ ver megem 14¹³ ver

erom 15° ver dýrkom 15" ver hofom 16' ver Þyþem 17" ver viliom 17"
ver segiom 18" ver hœldom 19' ver dragem 19" ver megem 19" ver
erom 19",n ver scolom 19" ver hǫldom 20' ver megem 20' ver œttem
20" Ver scolom 20" ver scolom 20" ver vildem 21' ver holdom 21"
ver megom 21" ver kvnom 24" ver rǫsom 24" ver wirkom 24" ver
gleýmem 26" ver holldom 26" ver reɴom 26" ver miɴomk 26" ver
erom 26" ver róþomc 27' ver hialþemsc 27' ver erom 27' ver byrgiom
27" ver scolom 27" ver vitom 27" ver sǿkiom 27" ver scolom 27" ver
témemk 27" ver hvilomc 27" ver megem 28" ver vérem 31" ver gerom
31" ver fyrgefom 31" ver sém 32" ver megem 33" ver hǫfom 33"
ver helgemsc 33" ver erom 33" ver tókom 33" ver biþiom 33" ver
megem 33" ver scolom 34' ver verþem 34' ver gerom 34" ver skiliom
35" ver girnomsc 36" ver varþveitem 36" ver seokiom 36" ver þœgiom
36" ver holldom 37' ver méþom 38" ver gerom 39' ver haldem 42"
ver cuɴnem 42" ver hrǿþomc ver ǫplemsc 48" ver fiɴemsc 48" ver
siom 49" ver vę́rem 51" ver monom 52" ver vę́ttom 52" ver gefom
52" iśtom 59" ver truem 59" ver truum 59" ver skinom 59" ver
breɴom 59" ver mǽttem 59" ver seokiom 60' ver þinom 60' ver megem
60" ver snúm 60" ver gɴrom 60" ver kómom 60" ver sém 61' ver
iátem 61" ver biþiomsc 63" ver lesom 63" ver metom 64" ver vitom
64" ver ętlem 64" ver leggiom 64" ver siom 65' ver œplemsc 65"
ver megom 65" ver scolom 65" ver séem 65" ver cigom 66" ver viliom
66" ver verþom 67' ver biþiom 67' ver leitem 67' ver gerom 67"/ɴ
ver megom 67""" ver sém 67" ver lótom 67" ver hyɑiom 67" ver
moþem 70' ver sem 70" ver lifem 70" ver megem 70" ver megem 70"
Ver scolom 70" ver holdom 71" ver scolom 76" ver verþem 76" ver
megom 76" ver grœtom 76" ver scolom 77" " ver leitem 77" ver kuɴom
77" ver siom 77" ver megem 78" ver hǫldom 78' ver holldom 78"
ver misforom 78" ver holldom 78" ver erom 78" ver megom 78" ver
holdom 79" 82' ver náem 79' ver erom 79" ver dýrkoþom 79"/ɴ ver
verem 80" ver viliom 80" ver scolom 80" ver costgœfom 80" ver megom
80" ver minnomc 81' ver megom 81" ver erom 81" ver scolom 81"
ver viliom 81" ver megem 81" ver erom 82" ver stundom 82" ver
kuɴem 83" ver holldom 84' per misgʉromsc 84" Ver scolom 84" Ver
scolom 84" ver scolom 84" 85" ver erom 84" ver uɴem 85" ver sem
85" ver tokom 85" ver dœmom 85" ver holdom 85" ver megem 86'
ver varemc 87' ver verþom 87" ver giolldom 87" ver megem 87" ver
scolom 87" ver eigom 88' ver mǽlom 91" ver hyɑɑiom 102° ver viliom
102" ver fyr gefom 118" ver scylldem 123" ver vǿttom 123" ver

cœllom 123 ²¹/₂₄ ver iótom 124¹ ver hafem 127' ver elscom 145¹⁶ ver megom 145¹⁷ ver kollom 146¹⁹ ver secm 148¹⁴ ver sém 151⁴ ver megem 151' ver mættem 152¹¹ ver berom 153' ver gliciom 154²⁰/₃₁ ver gótom 156¹⁸ ver gliciom 159¹⁰ ver scylim 169' ver megem 182¹⁸ ver georomk 184¹⁷/₂₄ ver fyrgefem 211¹⁹ ver hæofom 212¹¹.

α**) mit Accent.

vér scolom 2¹⁵ vér villdem 3¹⁶ vér megem 4⁴ vér sém 4⁵ vér fremiom 4⁴ vér erom 4' vér scolom 4⁸ vér villdom 4¹¹ vér mǽlom 4¹⁴ vér sém 4¹⁸ vér crom 6¹⁰ vér takem 6²⁸ vér megem 6¹⁰ vér biþiom 9' vér megem 9¹⁰ vér crom 10⁹⁰ vér megom 14¹⁶ vér megem 16⁷/₄ vér fiɴcm 17' vér snucmsc 19¹⁸ vér scolom 21¹ vér nœþem 22⁴ vér hyɢþom 24¹³ vér virþcm 24¹⁵ vér viliom 24¹¹ vér veniomks 24¹⁶ vér virþom 24²⁰ vér viliom 25² vér erom 25⁴ vér lǫtom 26¹⁹ vér risom 27⁹⁰ vér sem 28¹¹ vér sém 28¹³ vér sém 29¹⁷ vér týnom 29¹⁸ vér viliom 31⁴ vér garem 31⁹ vér hefþem 31¹¹ vér vérem 31¹¹/₁₃ vér fyrgefom 31¹⁸⁻²² vér biþiom 31¹⁷ vér rasem 31⁴³ vér vórom 32¹¹ vér þionem 32²⁴ vér lifem 32¹⁷ vér verþcm 32²⁰ vér crom 32²⁹ vér scolom 33¹⁵ vér biþiom 33¹⁴⁻¹⁶ vér nóþom 33¹⁷ vér biþem 34² vér þurfom 34⁷/₁₃ vér gerem 34⁴ vér fyr gefom 34¹⁶ vér staɴdcmsc 34¹⁵ vér sem 34¹⁶ vér leɢiom 36²³/₁₄ vér feorom 36¹⁰ vér hirþom 36¹¹⁻²² vér sǫmnoþom 36⁹⁶ vér viliom 39⁶ vér holldom 41¹⁶ vér dyrkom 41¹⁷ vér erom 41¹⁹ vér virþom 41¹⁸ vér verþom 41¹⁴ vér hofom 41²⁵ vér skiliom 42² vér berom 42⁴ vér styrkiom 42⁷/₂ vér megem 42¹⁰ vér snumsc 42¹⁴ vér varþveitom 42¹⁰ vér siomc 42²⁴ vér viliom 42²⁷ vér glikom 42²⁶ vér glikom 42²⁶ vér scolom 43¹⁰ vér crom 43⁷/₃ vér fyrrome 43⁴ vér georom 43¹⁸ vér hæoldom 43¹⁷ vér halldeɴ 43¹⁹ vér megom 43²⁹ vér trua 43¹⁷ vér hofom 44⁴ vér getom 44⁹ vér fyr gcfom 44¹⁰ Wér eigom 44¹⁹ vér hœlldom 45²⁹ vér gerþom 47⁹ Vér scolom 48²³ vér megem 49¹¹ vér siǿm 52¹⁸ vér holldom 54⁴ vér yrþem 54¹² vér crom 55²⁸ Vér scolom 55⁷/₁₀ vér doyþom 59²¹ vér kostgéfom 59¹¹ vér scolom 59¹⁸ vér keɴdom 59²⁷ vér hurfom 60² vér saurgom 60²⁰ vér vcitom 64⁹¹ vér skyldem 65¹¹ vér nǽþem 65¹⁸⁻¹⁴ vér sýnom 66² vér keɴom 66¹ Vér eigom 66¹³ vér verþem 66¹⁸ vér crom 66¹⁷ vér komom 66¹⁹ vér holdom 66¹⁶ vér þurfom 67' vér georom 67²⁰ Vér holdom 67²¹ Vér scolom 75¹⁶ vér seɢiom 76¹⁷ vér sém 81⁷/₁₀ Vér scolom 84⁹ Vér eigom 84¹¹ vér soylem 84²⁶ vér scolom 85¹⁷ vér gerom 85¹⁰ vér leitem 85¹¹ vér vitom 85¹⁸ vér hriɴde 85¹⁴ vér drýgiom 85²⁴ vér gorom 85²⁶ vér holdom 85²⁹ vér sampyckiom 85²⁴ vér megom 87¹⁸ vér scýrem 89⁴ vér dragem 90¹¹ vér erom 92⁸⁰ vér megom

92 " vér holldom 92 " vér lifom 92 " vér megom 93 ' vér hœfom 93 "
vér tǫkom 98 " vér hœlldom 99 " vér biþiom 99 " " vér verþom 99 " vér
seókiom 99 " vér crom 99 " vér fœrum 99 " vér gœngom 100 " vér lúkem
101 " vér scolom 101 " vér (sém) verþer 102 " vér hœldom 102 " vér
lifom 102 " vér hreinsem 102 " vér feóþom 102 " vér komem 102 " vér
óreókiom 102 " vér megem 102 " vér varþveitom 102 " vér viliom 102 "/"
vér erom 102 "/" vér tǫkom 102 " vér tœkom 102 " vér komom 103 '
vér hafem 103 '/" vér stœndom 103 ' vér hœldom 103 ' vér eigom 104 "
vér fórum 104 " vér leitom 104 " vér scyldem 105 " vér megom 105 "
vér glikom 105 " vér hœfom 105 "/" vér fremiom 105 "/" vér virþim 105 "
vér feorom 106 ' vér gœrmgœfom 106 ' vér erom 106 ' vér þyrptem 106 '
vér crom 106 ' vér fastem 106 ' vér latem 106 " vér lótom 106 " vér
hofom 106 " vér gerem 106 " vér munom 106 " vér hofom 106 " vér
virþim 106 " vér gœngom 107 ' vér monum 107 ' vér hofom 107 ' vér
meNom 107 ' vér hofom 107 " vér bœlom 107 " vér þuacmak 107 " vér
hreinsom 107 " vér megom 107 " vér myndem 107 " vér hyaþem 107 "
vér vildem 107 " vér skolom 108 ' vér misgerom 108 ' vér viliom 108 '
vér þurfom 108 ' vér syngom 108 ' vér búum 108 ' vér viliom 108 " vér
misgerom 108 " vér hafem 108 " vér verþom 108 " vér erom 108 " "/"
vér skolom 108 " vér sém 108 " vér hefþem 108 " vér kollom 109 " vér
bóþom 110 " vér hœfom 111 ' vér fáem 111 " vér sem 111 " vér megom
111 " vér hafnem 113 " vér mǫNdem 114 ' vér biþiom 114 ' " ' vér viliom
114 " ' vér fórom 114 ' vér vilem 114 ' vér erom 114 ' vér gǫrum 114 "
vér veitom 114 " vér dómom 114 "/" vér afstoþem 114 " Vér þurfom 114 "
vér látem 114 " vér þurfom 114 " vér cuNem 114 " vér qveþem 115 "/"
vér elscom 115 " vér hefþem 116 ' vér of stœndome 118 ' vér scolom 118 "
vér lótom 119 " vér gerom 120 ' vér verþom 122 " vér megem 122 " vér
leiþom 123 " vér veitom 123 " vér stigem 123 " vér naem 123 " vér
scolom 123 " " vér comesc 123 " vér tǫkom 123 " vér hafem 123 " vér
lýsom 123 " vér megem 124 " vér verþem 124 " vér takem 124 " vér
biþiom 124 " vér trúm 125 ' vér verþem 125 " vér qveþom 125 " " vér
þiggem 125 " vér megom 125 " vér truum 127 "/" vér mœttem 127 ' vér
sęem 127 "/" vér kuNom 135 ' vér qveþom 135 " vér biþiom 135 " vér
fyrgefom 136 ' vér erom 136 ' vér megem 136 " vér berem 136 " vér
scolom 136 " vér vœttem 136 " vér georom 136 " vér telium 136 " vér
misgeorum 136 " vér georum 136 " vér uNom 136 " vér eigom 136 " "
vér kostem 137 "/" vér megem 137 " vér litem 143 ' vér eigom 143 ' vér
megom 145 "/" vér viliom 145 " vér kǫllom 146 ' vér kœllom 146 " vér
seem 148 " vér erom 148 ' vér of stigem 149 " vér megem 150 " 151 '

Vér scolom 152¹⁰ vér berem 152⁵⁴ vér tǫkom 154' vér rúm 158²⁰ vér scolum 159¹⁵ vér viliom 166⁷⁷ Vér hǫfom 173' vér erom 174⁵⁴ 177¹¹ 180' vér eigom 176²⁰ vér elskem 177²⁰ vér iótom 177¹² vér megem 178' vér heyrþom 179' vér glikem 179' vér bǿtnom 179' vér hyggiom 179¹⁵ vér bǿfom 179¹⁵ vér fyrgefom 179¹⁷ vér elscom 179²² vér hǫlldom 180¹¹ ⁵¹ vér litom 180¹⁵ vér segiom 181⁷⁷ vér varþveitem 181⁵⁰ vér megom 182' vér varþveitom 182' vér veitom 182⁸/₄ vér holldom 182' vér erom 182' vér risom 182' vér holldom 182¹⁰/₄₄ vér herom 182¹⁵ vér maþom 182¹⁵ vér hefiom 182¹⁷ vér georom 182²⁰ vér litom 182²¹ vér scolom 182⁷¹ vér megem 182⁵⁰ ⁵⁰ ⁷¹ ⁵⁴ ⁵⁴ vér megom 184¹⁵ ver verþem 184¹⁷ vér scǫlom 184⁵⁰/₄₄ vér holldom 184⁵⁰ vér scolom 184³⁰ vér lifom 184⁵⁰ vér sém 184⁵⁰ vér megom 185' vér lifom 185' vér megem 186²⁰ vér varþveitom 186²⁰ Vér vitom 187' vér hǿldom 187¹⁵ vér hǿlldom 187⁷¹ vér skilem 188' vér glýmem 191¹⁷ vér megem 191²⁰ vér fagnem 191¹¹ vér elschem 191⁷¹ vér holldom 193' vér hyggiom 193' vér mogom 193' vér || georemsc 193' vér megem 193¹³ vér lótom 193¹⁷ vér elscom 193⁷⁰ vér megom 194' vér scolom 195¹¹ vér eigom 195⁷⁷ vér kǫllom 195¹⁵ vér mynem 196' vér biþiom 197' ¹⁵⁴ vér cǫllom 196' ' ¹¹¹ vér kǫllom 196¹⁵ vér queþom 196⁵⁴ vér eigem 196¹⁷/₄₄ vér lifom 196⁷⁰ 197' vér þykciomk 196¹¹ ⁴³ vér mǽlom 196¹¹ vér viliom 196⁷⁷ vér es trúum 196⁵⁰ vér helgosk 197' vér truom 197' vér mǽlom 197²⁰ 199¹⁵ ⁵⁰ vér biþiom 198¹¹/₄₄ ¹¹ 199' ⁵⁰ vér þurfom 198¹⁵ vér bǿfom 198¹⁵ vér þurfom 198¹⁵ vér biþiom 198¹⁷ vér mǽlom 198⁷⁵ vér fyr gefom 198⁵⁰/₄₄ 199' vér erom 199' Vér eigom 199¹¹ vér comem 199¹¹ vér megem 199¹⁵ vér segiom 199¹⁵ vér kuɴom 199⁷⁷ vér eigom 200¹¹ vér fremem 200¹⁵ vér megem 200¹⁵ vér verþom 200¹¹ vér sǫngom 200⁷¹ vér erom 203⁷⁷ 204' vér cuɴom 204²⁰ vér trúm 209¹⁵ vér hafem 209¹⁵ vér megom 210⁵⁵ Vér eigom 211' vér hǿfom 211' vér drǿgom 211¹⁵ Vér eigom 211⁷⁰ vér stǿþvem 211¹⁷ vér elskem 211¹⁷ vér gerþom 212' vér grótom 212¹⁵ vér misgerþom 212¹⁵ vér scolom 212¹⁵ 215¹⁵ vér hótom 212⁷¹ vér maɴdem 212⁷¹ vér gerom 213¹⁷ vér hǫfom 213²⁰ vér hǿfom 214⁵⁴ vér sém 214⁵⁴ Vér scolom 214⁵⁴ vér vitom 214⁵⁰/₄₄ vér megem 215' ¹⁵ vér verþem 215¹¹ vér vitem 215⁵³ vér nǿm 215⁵⁰ vér truum 216¹¹ vér scolom 217' ' Vér óm 217¹¹ vér scylldom 217¹⁵ vér hǫlldom 217⁷⁵ vér gerom 217⁷¹ vér heýrem 218¹⁵ vér sém 218⁵⁰/₄₄.

b) vér nicht direkt beim Verbum stehend.
a*) ohne Accent.

Ver lýþer guþs erom 15¹⁵ þuiat hann veit geoɴ en ver siálver 67' þvi es ver sialfer erom 102¹⁴,

α**) mit Accent.

at mæla sem vér 4°. Mon þa verþa guþ fegen bornom siuom. oc vér honom 66" En vér góþer breóþr scolom 92" ef vér siálfer neýþom 115" þatz er vér oc þurfom 123" Bæþe vér oc allr cristen lýþr. crom — 217".

c) vér dem Verbum nachgestellt.
α*) ohne Accent.

œttim ver 2" megom 3"" 8' scolom ver 10' Kostom ver 10" hœldom ver 14' Lœgiom ver 14" fórom ver 14"/m scolom ver 15" 19" gœfgom ver 15" litom ver 16' Lesom ver 19" gœngom ver 19" gofgom ver 19" scolom ver 20' 21' 24" 27" scolom ver 20' mælem ver 21' kynem ver 21' monom ver 21" Lótom ver 22' tokom ver 22' holdom ver 22" gerom ver 24' verem ver 24" leittemsc ver 24"/m mþlomsc ver 24" hliótom ver 24"/m leysomc ver 27' komom ver 27' tocom ver 27" tómomc ver 27" Fœgnom ver 28" Renom ver 28" Kostom ver 28" Risom ver 28" biþiom ver 29" 30" 31" 32' 33" megem ver 29" erom ver 33' komom ver 33"/m scolom ver 33"""" 34' gerem ver 33" melom ver 33" þiónem wer 33" þurfom ver 34"" erom ver 34" scolom ver 34" 35' 39' biþiom ver 34""" megom ver 84" 38" holdom ver 36"/m berom ver 88" vigiom ver 42" helgom ver 43' scolom ver 48" Méttem ver 48" monom ver 48" missem ver 49" sém ver 49" scyldem ver 49" monom ver 49" vorom ver 51" misbióþom ver 51"/m feórem ver 51" litom ver 52" lótom ver 52" Lógom ver 52" trúm ver 55" gœngom ver 55" scolom ver 56' 61' 63" 65" feórom ver 59""" fórom ver 59" forom ver 59" gerom ver 60" georom ver 60" megom ver 60" heldom ver 60" holdom ver 60" helgomsc ver 61' hreinsomc ver 63" lœromc ver 63" melom ver 63" Lútom ver 65" eigom || ver 65" georem ver 65" scolom ver 66" 67' 67" 70" 71' geromc ver 66" megom ver 67' verom ver 67" gefom ver 67" megom ver 68"/m crom ver 68"/m 76" Holldom ver 69" glikemc ver 69" Hofom ver 70' holldom ver 70" hirtom ver 70" Biþiom ver 70"""" 71' misgerem ver 76" orvilnemsc || ver 76" eigom ver 76" viliom ver 77" costom ver 78" Sióm ver 78" Hefstom ver 78" tocom ver 78" blondom ver 78"/m megem ver 79' gloþdomc ver 79" fœgnom ver 79" holldom ver 79" gofgem ver 79" eigom ver 79" erom ver 80' scolom ver 80"/m"""/m 81'""""" gerom ver 81" Skirom ver 81" megom ver 82" gerom ver

82¹⁰ uɴom ver 85²⁰ lǫtom ver 85²⁵ scolom ver 85²⁶/₂₄ 88¹⁹ Forom ver 85¹⁰ Rɛɴom ver 86¹ veitom ver 87¹¹ ęttem ver 88¹⁵ virꝥom ver 91¹⁷ 88¹⁹ scolom ver 89¹⁵ 90¹³ Virꝥom ver 91¹¹ scolom ver 102¹⁸ 122²⁰ scǫlom ver 102²⁴ meondem ver 118¹ scolom ver 119²⁰ sigɴom ver 129¹⁰ Syngom ver 125¹¹ tǫkom ver 126⁵/₇ seliom ver 145¹⁶ mεgom ver 145¹⁰ berom ver 153¹ scylim ver 154¹¹/₁₄ scylldom ver 157² Scolom ver 157¹⁵ reóꝥom ver 157¹⁰ Scyldim ver 158¹¹ scolom ver 158⁷¹ megom ver 158¹⁰ scylldim ver 158¹⁵ kɛɴom ver 161⁵ scolom ver 167²⁰/₁₀ crom ver 168²¹ vitom ver 168²¹ helldom ver 176¹¹.

α**) mit Accont.

Þurfom vér 4⁹/₁₀ Vitom vér 4¹⁵ megom vér 6²¹ scolom vér 8¹⁰ 19⁴ 40² 42¹⁷·²¹ 43²⁴ reóddom vér 8⁶² scolom vér 8²⁴/₅₀ 17¹⁴ 20⁴¹⁶ 20²⁰·⁷¹·⁷⁹ 27¹⁵ 31⁴·²⁰ 34¹ 36¹¹·¹⁶ 45²⁰ 48¹¹/₅ 49²² skolom vér 8⁴⁷ skǫlom vér 10⁰ hæɴldom vér 11⁷⁶ holdom vér 12¹⁰ reóꝥom vér 12²³ holldom vér 13¹¹ eigom vér 15¹⁴ Elsccom vér 19⁸ Varꝥveitom ∥ vér 19¹¹ Costgæfom vér 19¹³ gleymom vér 19²⁰ fóm vér 24¹⁴ oꝥlomsc 24²⁰/₅₀ nióːtom vér 24¹⁵ tæɴlꝥom vér 26⁷¹ skiliom vér 26²² stigom vér 26²⁴ skolom vér 27¹⁵ biꝥiom vér 29⁷⁰·²⁴ 30²⁰ 31²¹ 32²¹ crom vér 31⁴ eigom vér 31⁷/₅ hafem vér 32²² sém vér 32²¹ eigom vér 33¹ holldom vér 36⁷¹·⁷⁰ litom vér 38¹¹¹ borom vér 38²⁰ tæɴlꝥom vér 40⁷¹ trúm vér 41⁷⁴ helgom vér 41⁸⁴·⁸⁴·⁸⁰ vigiom vér 42¹ fyllom vér 42⁴ crom vér 42⁸ scǫlom vér 42¹⁰/₅₄ belgom vér 42¹⁰·²⁰/₅₄ vigiom vér 42⁷⁵ monom vér 42⁷⁷ holdom vér 42²⁰ dyrkom vér 43⁴ vigiom vér 43¹¹ Eigom vér 43⁷⁹ eigom vér 43⁷⁰·¹⁷ scǫlom vér 43⁷⁰ eigom vér 44² Ęltem vér 44¹⁴ lifom vér 46⁴ ᴏrótom vér 49¹ Forom vér 49¹⁹/₁₄ Hvæɴtom vér 49¹⁶ kostgæfom vér 49⁷⁷ Ętlom vér 52¹⁶ monom vér 52²¹ mixomsc vér 52²³ monom vér 52²⁴ mǫttom vér 54¹⁶/₁₅ Hreinsom vér 56¹ scyldom vér 56²⁶ erom vér 56²⁷ Sǫm vér 57⁵/₇ scolom vér 59⁰ 71⁰ 76²⁵ fcorom vér 59²⁴ feórom vér 59⁷⁷ hurfom vér 59¹⁶ megom vér 59¹⁸ 60⁷⁰ 64²⁰/₁₁ 67¹⁰·²⁰ 102¹ 106²⁰ 107⁰ 108¹·¹⁷ 136⁷⁷ fǫrom vér 60¹ sém vér 60² Sctiom vér 60⁴ Virꝥom vér 60⁴ Vɢɢom vér 60¹⁶ boldom vér 60¹⁶ scolom vér 60⁷¹/₁₇ 92¹⁴ 99¹² 101¹⁴ 102¹⁷ 103¹ 109¹⁰ 111¹⁷·⁷¹ 120¹ 121¹⁴ 122¹ 136²⁰ Hræꝥomsc vér 65⁸ monom vér 66¹ Crosfestom vér 70⁸ sem vér 79⁰ erom vér 80¹⁰ sitiom vér 81⁷ gɛrom vér 81¹⁴ gɛromsc vér 81¹⁶ bygiom vér 88¹⁰/₁₀ nefnom vér 89¹ hofom vér 89²⁴ segiom vér 91¹¹ 92¹³·⁷⁰ tixdom vér 91¹⁵ vitom vér 92² 91²⁰ leitom vér 93⁵/₇ scylim vér 98²⁰ eigom vér 99⁷⁷ monom vér 99⁴² gæɴngom vér 100¹⁴ skolom vér 102¹⁰·⁸⁰ Þroꝥom vér 103⁵/₇ hæofom vér 103⁴ monom vér 103¹ eigom vér 104⁷⁶ helgom vér 106¹¹ verꝥom vér 106¹⁶ Leitom vér 107¹⁰ eigom vér 109² Verom vér 108¹⁵ Sióm vér

108 " þurfom vér 108" Lótom vér 108" tiɴdom vér 110" hofom vér 111"" hafem vér 111" takem vér 112" sém vér 111" scylldem vér 112" mælem vér 113" biþiom vér 114' viliom vér 114' hafem vér 114' gefom vér 114" hégiom vér 114" gerum vér 114" erom vér 115' holldom vér 115" þót aþrer vixe þœ an vér 116' orkom vér 118" gripem vér 118" holldom vér 120' hœfom vér 121" syngom vér 122" 124" biþiom vér 122" leggiom vér 123" tǫkom vér 123" fǫrvm vér 124" signum vér 125" knegem vér 134" eigom vér 135' vilem vér 136' megem vér 136" keɴom vér 136" sem vér 136" lýsom vér 136" holldom vér 138' lǫtom vér 145" scolom vér 145" 174" 180" 184"" 187" 191" 198"" erom vér 149' hræþomk vér 150" Snuum vér 150" Fœgnom vér 150"/" vekiom vér 151' Veckiomk vér 151' megem vér 151' mǿttem vér 152" megom vér 152" holldom vér 154" 180' siǿm vér 158" eigom vér 158" mǿttim vér 161' Lǫtom vér 166" munom vér 166" leitom vér 167" hafiþ ér oc aller vér 170' sém vér 170" heýrþom vér 171" 172' þurfom vér 172' meondom vér 172" viliom vér 173" hǫfom vér 173" monom vér 174" Siǿm vér 175" scǫlom vér 176" hǫlldom vér 176" 177" helldom vér 177" erom vér 177" Biþiom vér 177" vitom vér 177" segiom vér 177" Nemom vér 178' miɴom vér 178" hverfom vér 179' verþom vér 179" monom vér 180' megom vér 180" holldom vér 182' sýnom vér 182' glikome vér 182"/ lifnom vér 182" sýnom vér 182" glikiome vér 182"" Varþveitom vér 182" Veitom vér 182"/" Múþom vér 182" Risom vér 182" Fliúgom vér 182" megem vér 184" hreinsom vér 186" Skirom vér 186"""""" crom vér 186" monom vér 186"" 192" sœgþom vér 187" hœfom vér 189" Holldom vér 191"/" costom vér 193' 194' kostom vér 193" sleoccom vér 193" clscom vér 194' hœfom vér 194' scrýþom vér 194' verþem vér 194' Biþiom vér 194" tɑkom vér 196' erom vér 196' eigom vér 196'" 197' megom vér 196" lýsom vér 196"/" "" segiom vér 196" biþiom vér 196"" 197"" 198" 199" eigom vér 197" verþom vér 198" eigom vér 198" scylem vér 198" megom vér 199'" 211""" 215" mǿlom vér 200' megom vér 200" vildem vér 200" scolom vér 201" 210" 212'"/""""""" 213"" 214"/" """ 215" 217"""" liþom vér 202" villdom vér 202"" yrþem vér 202" vœro vér 203" cœllom vér 203" bœlvom vér 210" lofom vér 210" scǫlom vér 210" eigom vér 211" Tǿlom vér 211" erom vér 212" eigom vér 213"/" eigom vér 215' Eciome vér 215" fylgem vér 215" leitem vér 215" megem vér 215" sýneme vér 217" scylem vér 218" miɴtom vér 218" buemse 218" mendom vér 218".

ca. 1240 mal also treffen wir vér an; ca. ⅔ sind hiervon zum Zeichen der Länge mit einem Accent versehen, sei es dass vér a) vor dem Verbum, b) nicht direkt bei demselben. c) hinter demselben gestanden hat; es ist mithin offenbar, dass auch vér niemals gekürzt worden ist, ebenso wenig wie ér.

Dies will nun Sievers allerdings auch nicht, aber er setzt hierfür Streichung ein und geht dabei ebenso vor wie bei der Streichung von þú.*

Sievers streicht ér:

Vol. 27,4 vituð[ér] enu eða hvat 34,4 35,6 39,5 41,4 51,4
Atl. 94,3 borðuzk[ér] bræðr ungir; er streicht vér:
Atl. 16,3 svá [vér] mættim ekki
Sievers behält ér:
Atl. 33,2 sigliö ér sælir
„ 56,1 Takið ér Hǫgna; und er behält vér
Thrymskv. 14,3 Bindu vér þór þá
Hym. 16,4 Munum at apni   ǫðrum verða
              við veiðimat   vér þrir lifa
Atl. 14,4 þót vér ógn fregnim
„ 52,1 Brœðr vér fimm vǫrum
„ 58,2 tǫku vér Hjalli
„ 95,3 skæva vér létum
„ 95,4 unz vér austr kómum
„ 98,1 es vér þat frægim.

Sievers Verfahren ist also dasselbe wie bei þú: wie es ihm passt, schaltet und waltet er über das Bestehen oder Verschwinden von ér und vér. Dazu tritt hier noch in ganz deutlicher Weise auf, was ich schon bei den Praeteritalformen von vera hervorhob, dass je nachdem Sievers Viersilbler oder Fünfsilbler gebraucht, er seine Regeln anwendet. Nur je einmal wird ér und vér in den Atlamál gestrichen (94,3; 16,3), sonst regelmässig beibehalten: natürlich, denn im Fünfsilbler ist jede Silbe kostbar. Und wenn ich auch wie bei þú, so bei ér und vér zugeben will, dass sie später interpolirt sein können, weil die älteste Zeit Verbalform ohne Pronomen gestattete, so sind doch die Fälle, wo dies vielleicht hätte geschehen können, für uns nicht mehr nachweisbar; wir werden auch hier vielmehr, weil ér und vér niemals zu kürzen ist, wie das St. H. ergeben hat, Fünfsilbler im Kviþuháttr annehmen müssen.

---

* Weitere Beispiele Beitr. VI, 330.

3. Die casus obliqui der Personalpronomina mér, þér, sér.

Bei den casus obliqui der Personalpronomina mér, þér, sér nimmt Sievers wie bei þú zwei Fälle an: auch hier streicht er entweder, oder setzt enklitische und daher in der Senkung verschleifbare Formen mer, þer, ser neben den betonten mér, þér, sér an. Da wir bereits oben diese Regel erläutert und Beispiele gegeben haben, wenden wir uns sogleich zum Stockholmer Homilienbuch. Wir finden mér, þér, sér ohne Accent in folgenden Stellen:

a) mér, þér, sér ohne Accent.

α) mer.

43¹⁹ þat vilec lata fylgia mále mino es mer þycker coss hialpvænelegast vera. 51¹¹ 77²⁰ ³¹ 132²¹ 134¹⁰ 152²⁷ 154² 215³⁶.

β) þer.

11¹¹ — emk sendr at — segia þer þessa hlute 13²⁸ ³¹ 39²¹ 50¹⁷ 51²⁷ ³¹ 57⁸ 62¹⁵ 63²¹ 66¹¹ 77¹⁷ 88¹⁷ 95¹⁸ 97⁹ 106³⁷ 128³¹ ³⁴ 131³⁷ 132²⁸ ³¹ ³⁴ 134⁶ ⁷ 138¹⁰ 145¹ ³ ¹¹ ¹³ 153³⁵ 157¹¹ 171²⁸ 192¹² ²⁸ 201⁶ ³⁴ 202⁵ 217³⁵ 218².

γ) ser.

9³⁷ En þetta alt varþveitte hon i hug ser 10⁹ 13¹ 21¹⁹ 28¹⁰ 31¹⁴ 51⁸ 67² 68¹⁵ 70³ 73³ ²⁹ 77³² 82¹³ ³² 86¹⁶ 87² ²¹ 88¹⁴ 90¹⁸ 92¹⁵ ¹⁹ ²⁸ 123⁹ 127³² 128¹⁰ ²⁵ 129⁵ 142²⁷ 145¹⁰ 150²² 158¹⁵ 159³⁴ 160⁴ ¹⁰ 164⁴ 166²⁵ 169²⁰ 175²⁴ 207¹⁴.

b) Auch bei den übrigen Fällen wollen wir nicht weiter verweilen, wo die Pronomina mér, þér, sér accentuirt sind, weil sie α) entweder absolut stehen, d. h. am Ende des Satzes oder β) in Gegenüberstellung mit andern Nominibus oder γ) durch die Stellung besonders hervorgehoben sind.

α) mér.

11¹⁵ Braut tọc qvaþ hon dróttẹn brigþzli mitt fra mér 38²¹ ²¹ 52¹⁸ 57¹² 65¹⁹ 85²⁷/₂₈ ²⁵ 124⁸¹ 170¹⁸ ¹⁹ 171⁷ 173²² 202¹⁷ 203²² ³⁶ 204⁵ 216¹.

α) þér.

51²¹ ec mon segia þér 97⁰ 107²⁴ 139¹⁶ ¹⁷ 145⁷ 166²² 173²⁶ 174⁴⁷ 175¹⁰ 183⁸ 192⁶ 202¹⁰ ²⁶ 217³⁶ 218¹ ⁷.

α) sér.

11 [14] Var of þat tiþreótt hverr svein svá meondo verþa fyr sér 12 [5] [23] [17] 20 [19] 22 [9] 25 [8] 50 [30] 52 [16] 56 [14] 64 [5] 75 [15] 77 [19] 94 [15] 97 [31] 103 [31] 114 [15] 118 [31] 137 [17] 138 [4] 140 [17] [25] 142 [5] 157 [5] 158 [19] 160 [4] 162 [9] 172 [5] 174 [19] 176 [26] 178 [9] 179 [13] 190 [24] [17] 193 [30] 207 [9].

β) mér.

170 [16] at ec siá i þeim. en þu i mér 187 [31] hvat or meþ mér oc þér cona 188 [30] huat es meþ mér oc þér cona 188 [24] hvat es meþ mér oc þér cona.

β) þér.

187 [31] hvat er meþ mér oc þér cona 188 [30] 188 [24].

β) sér.

50 [9] fyr sér oc oþrom 68 [25] bǽþe sér oc oþrom 159 [19] bǽþi sér oc sino fólki 213 [13] fyr sér oc allre cristne 213 [14] i sér oc oþrom.

γ) mér.

201 [5] En ec ber eige ahygio fyr mér einom. helldr oc fyr þeim es meþ mér ero 202 [38] En mér þótto sem biscop svaraþe.

γ) þér.

157 [13] — oc hiner gœfgosto conungar muno fra þér coma 194 [15] þér iáte ec 218 [7] en þér verþr larnat.

γ) sér.

50 [14] Sa lúke up augom hiarta yþvars. er sér lét sóma 215 [6] siólfom sér til hiálpar.

c) Wir kommen zu den übrigen Fällen, wo mér, þér, sér erscheinen.

c. α) mér.

16 [14] Ér es fylgoþ mér monvþ sitia yver xij. domstólom 21 [16] þa lítz mér sa maþr 38 [10] eige es sa mér |[maclegr 38 [10] — at eige kenna ec mér hvers meina i brióste 49 [14] Fleoeþer fra mér bolvaþer 49 [31] takeþ riki meþ mér nu allz er hafeþ þunct erfeþe drýgt 52 [7] Ekke hefe ec at mér hugt hingat til 52 [9] nu vilec — hafa tungo mína til gagns mér heþan fra 52 [10] meþan guþ lér mér máls 53 [4] Heldr sa sixe || georseme ér mér hlýþer 69 [9] i dag moxtu vera meþ mér i paradiso 85 [37] Nemeþér at mér þuiat ec om — 86 [16] Eige leita ec mér siálfr virþinga 97 [17] Dominus

haſꝓe gefet mér feen 97 ¹⁷ Eige þykce mér mioc til reẏɴt 97 ⁸¹ þykci mér sva fremi vita 113 ⁵ þa stoþar mér þat þó allt 113 ⁸⁸ Hveʀ es mér aɴ qvaþ hann 115 ⁷ allt es ér hafeþ mér þionat 139 ⁸⁷ verþe mér þetta sva sem þu hever fyrer sagt 140 ⁸¹ — sa es vill til min coma — fylgi mér en elsca guþs boþorþa 144 ²⁰ Til hvess ero mér auþǿfe veitt 146 ⁹⁴ Ec t. þ. at mér mono synþer fyr gefasc 147 ¹⁸ þa es mér trc̣þo oc aþra 147 ⁸⁴ at ec hefe mér fyr gort 148 ⁴ at guþ fyr gefc mér minar synþer 152 ²⁰ oc þeir er væco hallda til mér at þióna 153 ²⁰ Nu þǿtti mér þa vita mega 154 ¹ Dominus gaf mér þa eigo er ec átta 170 ⁸⁷ þa látcþ ér þessa út ganga es mér fylgia 171 ⁵ at hann seɴde mér mein an tólf hervigi engla 173 ³ Ér feórþoþ mér þeɴa maɴ 173 ¹⁸ þuiat mér aẏnesc hann saclaús 174 ⁸⁷ i dag scalltu meþ mér i paradiso 195 ⁷ — at þu muner mér viþ hiálpa 195 ¹⁰ oc þigg af mér alla guþs reiþc 195 ¹⁸ Wes þu mér at traúste 195 ¹⁴ oc svava fyr mic þeim orþom es mér come til hiálpar 201 ⁵ En ec ber eige ahyoio fyr mér cinom 201 ⁹ En austr fra mér i grǫfena 201 ¹⁷ ec lét hann leggia i || steinþró mina nẏia es ec haſꝓa mér gǫrva 201 ²⁰ Abibás sunr miɴ es meþ mér tók skirn 201 ³⁵ þa veittu at mér vitresc i aɴat siɴ 202 ⁷ — at þu scyllder vitrasc mér i aɴat siɴ 203 ¹ En ec mælta hvat stoþar mér at ec eiga ef þu hefer a braẏt 203 ¹⁴ þa byriar mér at feóra 203 ²⁰ oc seg mér ef þu fiþr þa 218 ¹⁴ hverfeþ a braẏt ér fra mér ener bǫlvoþo meɴ i elld eɴ eilega 218 ¹⁷ oc gófoþ ér mér þa at eta 228 ¹⁴ gófoþ ér þu mér at drekca.

c. β) þér.

11 ³ Mon hann þér verþa at ynþc 51 ²⁵ Virþ cnskes viþ þa es þér gera i mein 67 ⁹ — at eige kome þér i freistne 80 ³⁵ Dominus fyr þér es oll fẏse min 93 ¹⁵ sva oc i flaẏst lukasc þér upp af góþgerningom 95 ¹² Eige es kynlict nefa iól þióne þér rǿkelega 95 ¹⁷ Lofa cc þér nú at leita 96 ²¹ biþia fyr þui at þér mún þǫrf viɴa miscuɴ min 97 ¹⁸ at segia þér þessi tiþeɴdi 97 ²⁴ Lofa cc þér eɴda at þu reẏner 98 ¹⁰ Sva coma þér orþ sem heimskri cono 99 ⁸ at ec smiþaþa þér mustere 107 ²⁸ Bioþþu þat eitt nónge þinom qvaþ hann er þér liko vel 132 ²⁶ þat mon þér til maus of þa hluti 139 ¹² Nu ef þér es þetta of afl at trva 139 ¹⁴ þa mon ec segia þér domi sogo 139 ¹⁵/₁₆ es þér mun óglicleg 139 ¹⁸ Ec kaɴ þat segia þér at — 139 ¹⁸ guþ seɴdi mic hingat at segia þér þessi tiþendi 145 ⁶ þa mon ofát ok ofdrykcia — taka fra þér auþeofe þin 145 ¹⁰ oc fyɴder þu vin þiɴ þaɴ es þér heſꝓe fé gefet 153 ²⁰ Lofa ec þér nu qvaþ drottiɴ 172 ¹³ Eige meondom vér þér selia hann 172 ²⁰ hvárt mæler þu

þetta of þér siólfom 172·⁰ eþa sæghᴏ aþrer þér þetta fra mér 173·⁵ Etke vellde hefer þu i gegn mér. nema þér være leſpt 173·⁶ sa es þér gaf þesse metorþ 173·⁹ mon hann brat taca af þér allt velldit 188·⁵ Eige hefe ec af þér iarteiner þær es ec geore af goþdómc 191·⁴ En siþan es þér boþet at — 191·⁶ oc gera viþ engi man þat es þér mislicar 192·⁴ en láttu eige þa hluti af þér orþna es vel ero i hag þinom 192·⁹ Haſþu daúþa þɪɴ i hug þér a vallt 192·⁴ Scalltu hvártke hafa í hug þér hatr 194·¹⁰ Nu vil ec þacka þér af ᴏllom hug 194·⁵⁰ es ek megac aɴars heims miscuɴar dóm af þer taka 194·⁵¹ oc ec mega þa nióta eilifrar sælo meþ þér siolfom 195·⁷ vǿtte ec af þér allrar miscuɴar nǽst goþe 200·⁴ — þui es ᴏnd ór villde þér hlyþen vera 200·⁸ þat allt vildem vér af þér þiggia 202·⁸⁰ marger ero þér betre 203·⁶ Viþr þér þó vel þᴏrf 203·¹⁵ Ef goþ vitraþe þér þat es þu heyrþer 203·¹⁹ En þu — scall fara til staþar þess es þér es vitrat 214·⁸⁸ oc hiᴛ at ec myna vera þér glicr 217·³⁶ Hui scal eɴ sime eige taka meþ þér þᴏ ſᴏrnan cyrtel þá. 217·⁶⁶ sa es meþ þér scal taka — 218·⁵ þa birþu eige at bióþa aþgom monnom þeim es þér bióþe i gegn.

c. γ) sér.

5·¹⁰ en maria feódde drotten várn siálfan a briόste sér oc af sino erfeþe. 6·¹⁹ at hon haſþe hann .ix. monoþr sér i qviþi 7·⁸⁷ þa skifte hon sér litit af flesto 7·⁸⁸ oc haſþe i hug sér guþs dyrþ 8·⁸¹ oc lętr hans ɴæt baɴa sér munoþer rangar 9·¹⁷ at láta sér þióna 9·⁸¹ oc góþr keɴinga viþ sér ófróþarc meɴ 9·⁸¹ — haſþe sér a briόste 9·⁸⁸ — skal þa sér hvárt greina 12·¹⁴ sva klœþe af sér at hann — 12·¹⁵ Joan — vilde velia sér eɴ bazta hlut 12·⁴⁴ oc gera sér þar kyrtel ſr 12·⁸⁸ Fᴏgla þa veidde hann sér til handa 15·¹¹ þa mon hann laþa ᴏss til eilifrar vistar meþ sér a dóms dege 16·⁸⁸ guþ gefr vinom sinom meþ sér a himnom 19·⁸ þeim es sér vilia þær nyta 21·¹⁰ Ef sa maþr es er hann vill sér nyta 21·¹⁸ þa litz mér sa maþr þarfelega upstigning sér velia a þessom dege 23·¹ at traulla þótte þeim haska laust sér at ganga 23·⁷ þuiat fleater hᴏſþo þeir viþ syslo haſþer veret béþe sér til atviɴo ok sino liþi 23·¹⁷ þeir vrþo sér ᴏgliker 24·⁸¹ — at eige þyrfto hann sér naqvat at kuɴa umbfram 25·⁸/₀ — oc leiþe oss i dyrþ himinrikes ei oc ei meþ sér at vesa 28·⁸⁴ Postolar bóþo drótten várn keɴa sér beon 81·¹⁸ vill reiþe af sér þiggia 87·⁸ leiþa ᴏss efter dómsdag i eilifa dyrþ meþ sér a himna 37·¹⁹ en hann valþe eþter þisl sina heógre handar meɴ sér af heiþnom monnom 37·⁸⁸ Rétte hann fra sér báþar hendr a crossenom 38·¹ oc

laþaþo þa meþ sér til eilifrar dýrþar 44⁷ viþ þa meɴ es sér mego lítet
45¹⁴ þær eigo þa aldrege at sér ǫtta hon ne ugga enge hlut 45⁴ hann
tók a sér oss til hiálpar 45²⁷ þa muno þeir láta sér samma 45³⁰ oc veite
oss eilifa miskuɴ meþ sér at vera 49⁶ þat má maþr fyr sér hyɢia hvat
hann — 51¹⁶ Era þat aɴat er scyldra so ór hug sér at fǿra 52¹³ þót
eɴ legre kvɴe sér eige biþia þess 53⁴ en sá er eige hlýþer týner sér
þeim hlut er hann biþr 54¹² oc hann gerþe sér at ǫskmǫgom 54²⁵ sem
synþger meɴ hafa sér til lǽcninngar 55⁹ Lét hann oc fórner fyr sér a
enom þriþia dege 55⁸¹ at meɴ nýto sér veittar stuɴder 55¹² oc viɴe
sér til eilifrar hvildar 56¹¹ er mǽla sér til ǫþurftar 56¹⁷ hafa sér til
ynþess 58¹³ eige sa hann son siɴ hia sér en þó sagþe hann 58²⁵ þui
baþ hann sér segia 60¹⁷ oc bióþe oss þá til eivistar meþ sér at vera
62⁹ þa scal hann þó ifa laust vętta sér licnar af miscuɴ guþs 65¹⁶
œtte sér sva skyllt 66⁸¹ laþe hanu oss — ei oc ei meþ sér at vera
67⁸ þuiat dominus baþ fǫþor taka af sér pistar dryc 69⁶ Af þui orvillnesc
enge sér licnar 69⁹/₉ enda treýstesc enge sér siólfom 73²⁴ þeim es sér
þótto enskes vaɴt 75⁹ i sér siólfo 75¹⁵ meþ sér siólfom 77⁵ af sér
likams synþer 80⁶/₇ ef hann laynda gleópe a hond sér sva at hánn hafe
— 82⁹ at hon lét sér sóma 88¹⁸ Simeon tóc i hendr sér maɴdoms
óstyrcþ 84¹⁸/₁₀ sem sér siólfom 87¹⁸/₁₀ Onger mego þesser sér treýstasc
88¹⁹ þa of sér sitt mál 90⁶⁰ fra sér ǫllom 92¹⁶ i sér sumt 92¹⁸ mego
sér hver sveit 92²⁵ En af þeire gift hafa ser hver engla 94²² oc honom
þykcer sér mikit tiónat 95²⁹ scal hverʀ biþia sér oc óskia 97¹⁴ i hǫfoþ
sér oc fell 101⁶ merkia sér hvern cristeɴ 101⁸ i sér aɴdlega 102²⁵ hiá
sér grǫft likomom dauþra 103⁶¹ ætla alla sér betre 107²⁸ meþ sér of
merkia 109¹¹ oc biþe sér licnar 110²⁸ þat scal láta sér i hug koma
110²⁸ hann veit enge aɴan sér lǽgra 111⁴ láte sér i hug koma 111²⁷
þat hyɢr sér traýst vera 112²⁷ af sér dǿgeɴe 113³⁰ ef þat lǽtr hann
sér eige 119¹ vele hann etke þessa þriɢia sér til haɴda 119⁸¹ — es
david escþe sér til haɴda 124⁸¹ þa biþr hann alla fyr sér biþia 124³⁵
En hon iarteiner þa bǿn er dominus baþ fyr sér lágt 129²⁰ þeir hǫfþo
meþ sér hiorþ þa — 131⁸³ sva mikill fyr sér at — 133³⁷ litisc sa vera
sér fastnandi meyna 133³⁰ at eigna sér vigþa mey 133¹⁶ hveʀ meyna
scyldi sér fastna 134²⁴ sóma late hon sér a vallt oss 135¹⁰ sér siólfom
136¹⁷ vætta sér af honom allrar hiálpar 136⁶² Of vilnon at ætla sér
himinrike 137⁸¹ vilia sér siólfom refsa ósiþo 137³⁰ geora sér etke 188³⁴
dróttiɴ váʀ lét þá styrma yfer sér oc pina 140³⁷ i hug sér hvernig
140³⁸ sér siólfom 141¹ es hann lǽtr eige epter sér rangar girnþer
141⁴ oc rekr fra sér rangar fýster 141⁶ sá neiter sér er sva gorer

142 ¹³ i hug sér oc vera 143 ³⁴ oc hæffo etke meþ sér nema synþer einar 144 ¹¹ þar bera viþer a sér hin dýrsto smyrsl 147 ⁸ avasem vándr maþr ma sér spilla 148 ¹ maþr ma sér spilla i. 150 ⁸² oc til synþa lausnar sér oc sva til hiálpar 152 ³³ oc spyri i hug sér a hvernveg 159 ⁸⁰ þa verþa oc meinlæta sér uacqrat 159 ⁸¹ at láta i mein sér at gera — 160 ⁹ es sér hallda sárt 160 ²³ at láta mart i mein sér hér þat er maþr veit 164 ⁸ vina til fiár sér þeir er — 164 ⁷ þeir atriþa sér oc siólfom 165 ¹⁷ en rekr vánda men a bravt alla fra sér i elld eilifan 174 ¹⁸ skifto meþ sér klæþom hans 174 ²¹ Skifto þeir meþ sér fœtom minom 177 ¹ oc lét sér sóma 180 ⁸ þat láte sér sóma 180 ¹⁵ Maclega valþe drotten sér fiórra guþspialla men 181 ⁸⁶ hann lét sér sóma 184 ¹ — lagþo hann a axler sér saúþ en es hann fan 186 ⁹ Ef synþger men teýgia þic meþ sér at vera saclaúsan 186 ³² þuiat maria oþlaþese sér at eins giof hreinlifess 188 ³⁹/₃₀ En huat vill sér þat es — — 189 ¹⁷ Sonr guþs lét sér sóma 190 ⁸⁷ léto sér skilinse 191 ⁹ léto sér þw skiliasc 196 ⁸⁷ i sér siólfo 204 ¹² þa hafþe hann i for meþ sér tun biscopa 205 ⁹ oc haþ hon sér miscunnr 205 ¹¹ En es hon tók grœsen, oc hellt viþ augo sér. þa tók hon sión sinn 205 ²⁶ oc rac þw bravt fra sér meþ reiþe 206 ⁸¹ þa sa hon fyrer fótom sér liggia 211 ⁸ at alldrege of ves vera an at glikiasc fiúnda oc gera sér illt af anars góþa oc synþ 213 ⁸⁸ an scal i mein sér láta 213 ⁸⁸ Maþr en ósker sér góþra hluta 215 ³¹ hann etr sér a fallz dóm 217 ³⁰ þeim es aller ætla sér til eins góþs.

In allen diesen zuletzt angeführten Stellen sind die Pronomina mér, þér, sér ohne besonderen Ton im Satze; ja, an vielen Stellen, besonders bei sér ist dies der Fall, sind sie völlig abundativ, weshalb sie Sievers nach seinen Grundsätzen kürzen müsste, und sind dennoch zum Zeichen der Länge mit einem Accent versehen (besonders augenfällig sind mér, þér, sér abundativ an folgenden Stellen: 201 ¹⁷ — es ee hafþa mér gœrva etc., 192 ⁸² Scalltu hvártke hafa i hug þér hatr 192 ¹⁹ Hafþu dauþa þin i hug þér a vallt etc., 5 ¹⁰ — feólde – a brióste sér 7 ³⁸ hafþe i hug sér guþs dýrþ 9 ⁸¹ hafþe sér a brióste etc. etc. Ebenso steht sér ohne Emphase an folgenden Stellen der Edda, wo Sievers deshalb Verkürzung annimmt: Vsp. 66,3 berr ser i fjǫðrum Hym. 34,3 hóf ser á hǫfuð upp Hym. 36,1 Hóf [hann] ser af herðum).

Wenn also Sievers meint, dass entsprechend dem enklitischen vǫru u. s. w. auch enklitische und daher in der Senkung verschleifbare Formen mer, þer, ser anzusetzen seien, so widerspricht diese Annahme vollständig dem Sprachgebrauch, wie er im St. H. überliefert ist; also können diese Formen auch nicht zur Zeit der Skaldenpoesie kurz gewesen

3

sein, und mithin sind die Verse, in denen Sievers Verkürzung annimmt, nicht als Viersilbler, sondern als Fünfsilbler zu lesen. Und betrachten wir die Fälle, wo Sievers im Kviþuháttr und im Málaháttr Verkürzung ansetzt, so zeigt sich auch hier wieder Sievers willkürliches Verfahren. Bei den im Kviþuháttr verfassten eddischen Liedern nimmt Sievers Verkürzung an:

Vol. 66,3 berr ser i fjǫðrum
Thrymskv. 27,4 þykki mer ór augum
„ 29,3 Lát[tu] þer af bǫndum
Hym. 34,2 hóf ser á hǫfuð upp
„ 86,1 Hóf (hann) ser af herðum; und bei den im Málaháttr verfassten Atlamál — — — ja, da suchen wir vergebens, nicht ein einziges Mal tritt hier Kürzung von mér, þér, sér ein.*

Betrachten wir die Fälle, wo Sievers Streichung von mér, þér, sér vornimmt; er streicht diese Pronomina in folgenden Versen:
Thrymskv. 23,4 einnar [mér] Freyju
Atl. 21,1 Gørvan hugða-k [þér] gálga
„ 54,4 hlœglikt [mér] þat þyckir
„ 79,3 drýgða-k [þér] svá drykkju   und vielleicht
„ 69,4 bann munt (mér) brœðra bœta aldrigi

Aber er lässt mér, þér, sér stehen:
Veg. 5,1 Hvat's manna þat   mér ókunnra
Thrymskv. 4,1 þó munda-k gefa þér
„ 7,4 nema fœri mér   Freyju at kvæn
„ 12,5 ef ek ek með þér   í jǫtunheima
„ 17,4 nema [þú] þinn hamar   þér um heimtir
„ 20,2 Mun-k ok með þér   ambótt vesa
„ 22,3 nú fœrið mér   Freyju at kvǫn
Hym. 3,3 bað (hann) Sifjar ver   sér fœra hver
„ 12,2 svá forða sér, stendr súl fyrir
„ 18,1 þess væntir mik   at þér myni
„ 32,1 Mǫrg veit-p mœti   mér gengin frá
Atl. 2,3 striddi sér harðla
„ 11,1 bjǫrt hefr þér eigi   broðit í sinn þetta
„ 27,3 býð þér brall(ig)a
„ 27,4 ek kveð aflima   orðnar þér disir

* Anmerkung: Dasselbe zeigt sich auch bei den Beitr. VI, 332 ff. angeführten Stellen; auch hier nimmt Sievers im Málaháttr niemals Kürzung von mér, þér, sér an.

Atl. 32,1 sér réð [hann] litt eira
„ 39,4 ef þu eykr orði illt munt þér lengja
„ 54,5 goðum (ek) þat þakka es þér gengsk illa
„ 57,2 rǫskr mun-k þér reynask
„ 61,3 fyrir kveð-k mér minna at fremja leik þenna
„ 65,3 mist hefr [þú] þér hollra
„ 66,2 á munu þér iðrar efþú allt reynir
„ 66,3 sú mun erfð eptir ek kann þér segja
„ 66,4 illa gengsk þér aldri nema ek ok deyja
„ 69,5 né vinna þess ekki at mér vel þykki
„ 71,4 létt hón sér gørði
„ 78,2 hét ek þér hǫrðu hef-k þik nú mintan
„ 80,2 selda-k þér síðan
„ 81,1 Barna veizt(u) þinna biðr sér fár verra
„ 82,2 at blanda mér drykkju
„ 82,4 mér lætr [þú] ok sjǫlfum millum illa litit
„ 83,1 Vili mér enn væri at vega þik sjálfan
„ 84,3 Segðu þér slikar sorgir ár morgin
„ 93,1 Lézt[u] þér allt þykkja sem ekki væri
„ 96,4 settum þann sælan es sér né attit
„ 101,3 fróð vildi Guðrún fara sér at spilla. —

Betrachten wir diese Verse genauer; denn grade bei ihnen zeigt sich Sievers Verfahren am charakteristischsten. Er streicht mér, þér, sér in: Thrymskv. 23,4 Atl. 21,1 54,4 79,3. In Thrymskv. 23,4 ruft der Riese Thrymr aus, als er die vermeintliche Braut mit der klugen Dienerin ankommen sieht: „Auf, ihr Joten, ordnet die Bänke zum festlichen Mahl, denn man führt mir Freyja als Gemahlin zu! Schätze habe ich wohl genug, und genug des Schmuckes: einzig fehlte Freyja noch!" Wem, wird jeder unbefangene Leser fragen, wem fehlte Freyja noch? Mir, dem Riesen, sagt Sievers, und weil es überflüssig steht, ist es zu streichen. Dem ist jedoch nicht so; der Sinn verlangt gebieterisch das Bestehen von mér, und Sievers hat mér nur gestrichen, um einen Viersilbler vom Typus A zu retten; denn „einnar mér Freyju" wäre ein Fünfsilbler und zwar ähnlich Atl. 93,3 skœva vér létum; stände dieser letzte Vers an stelle des ersten, würde Sievers „vér" gestrichen und ihn so zum Viersilbler geformt haben.

Ebenso ist es mit den übrigen drei Versen:
Atl. 21,1 Gǫrvan hugða-k [þér] gálga gengir [þú] at hanga
æti þik ormar.

Denn hier liegt grade auf þér der Nachdruck; „einen Galgen sah ich, errichtet für *dich*, dass *du* an ihm hangen solltest und *dich* die Würmer frässen." Das schien auch Sievers selbst zu merken; denn in æti þik ormar liess er das Pronomen stehen; man könnte hier doch mindestens Consequenz verlangen; wenn er aber in æti þik ormar — þik striche, blieben nur noch vier Silben übrig, und mit denen liess sich im Málaháttr nichts anfangen; blieb aber in gǫrvan hugða-k þér gálga þér stehen, so bekam Sievers sogar einen Sechssilbler, und mit dem liess sich wiederum nichts anfangen. Also verfügte Sievers in beiden Fällen, wie es seinen Regeln passte.

Ganz ähnlich verhält es sich mit

Atl. 54,4 hlœglikt [mér] þat þykkir   ef þú þinn harm tinir
goðum (ok) þat þakka   es þer gengsk illa.

Denn bliebe mér stehen, hätte Sievers einen Sechssilbler; und tilgte er þér, nur einen Viersilbler: also auch hier Inconsequenz; dazu kommt noch, dass mér und þér in beiden Versen in offenbaren Gegensatz gesetzt sind: „Lächerlich erscheint es *mir*, erwähnst du *dein* Leid; *ich* danke es den Göttern, wenn es *dir* schlecht geht."

Nachdem Guðrún, ihr Geschlecht zu rächen, Atlis Söhne geschlachtet und dem eigenen Vater zum Mahl vorgesetzt hat, ruft sie ihm entgegen:

Atl. 79,3 drýgða-k [þér] svá drykkju dreyra blett-k þeira!

d. h. „So bereitete ich dir (dem eigenen Vater) den Trank; ihr (der Kinder) Blut mischte ich dazu." Und die Grimme fügt hinzu:

Atl. 80,2 selda-k þér siðan sagðn-(k) at kálfs væri!

d. h. „Dir (dem leiblichen Vater) reichte ich sie (die gebratenen Herzen der Kinder) dann dar und sagte, dass es vom Kalbe wäre." Ist nicht in beiden Versen þér mit besonderem Nachdruck gesetzt? ist es daher nicht falsch, im ersten þér zu streichen? Die Sache liegt hier genau so wie bei den oben angeführten Beispielen: liess Sievers þér an erster Stelle stehen, bekam er einen Sechssilbler; und strich er þér an zweiter Stelle, blieben nur vier Silben übrig, was für eine Málaháttrzeile zu wenig ist.

Also in diesen Fällen hatten wir gesehen, dass Sievers Streichung vornahm, wo es nicht nur nicht nötig, sondern sogar sinnstörend war; betrachten wir nun die Fälle, wo Sievers die Pronomina gelassen hatte. Sicher müssen sie bleiben in: Veg. 5,1 Hvat's manna þat mér ókunnra Thrymskv. 4,1 þó munda-k gefa þér 7,4 nema færi mér Freyju at kvæn 12,5; 20,2; 22,3; Hym. 3,3; 12,2; 32,1. Atl. 2,3; 11,1; 27,3; 27,4; 32,1; 39,4; 54,5; 57,2; 61,3; 66,2; 66,3; 69,5; 71,4; 78,2; 80,2; 81,1; 82,2; 82,4 83,1; 84,3; 93,1; 103,3.

Hier waren also die Pronomina nicht zu entbehren, wenn nicht allzusehr der Sinn gefährdet werden sollte, und Sievers liess sie auch stehen; wie steht es jedoch mit folgenden Fällen?
Thrymskv. 17,4 nema [þú] þinn hamar þér um heimtir. Wem anders soll Thor seinen Hammer zurückholen als sich selbst? dem Sinn nach würde es gewiss nichts schaden, wenn þér fehlen würde.

Hym. 18,1 Pess ventir mik   at þér myni
         ǫgn of uxa   auðfeng vesa

d. h. „Das denke ich doch, dass dir Köder vom Ochsen leicht zu erlangen wäre." Strichen wir hier þér, so lautete die Antwort des Riesen zwar allgemeiner, aber der Hohn wäre vielleicht bei weitem grösser: „Ich denke doch wahrhaftig, es ist nicht allzuschwer, sich einen Stier zu erjagen, um ihn als Köder zu gebrauchen!" Also — ich bin weit davon entfernt, hier eine Conjectur vorzunehmen, ich nehme nur den Fall an — also, hier wäre vielleicht þér zu entbehren; thäte man es jedoch, bliebe nur ein Dreisilbler zurück, und der passt nicht in die Kviþuháttrzeile.

Ganz ebenso verhält es sich mit:
Atl. 65,3 mist hefr [þú] þér hollra
„ 96,4 settum þann es sér né áttit.
d. h. Atl. 65,3 „du hast dir deine Freunde verloren" und Atl. 96,4 „wir machten den dann glücklich, der sich (für sich) nichts besass." In beiden Versen steht þér und sér vollständig abundativ, als Dativus ethicus, und mit demselben Rechte könnten sie fehlen, nach dem Sievers Streichung verlangt in:
Sig. 4,8 hefjn [sér] at armi
Gu. II, 27,4 svát [þér] gaman þycki etc.; und Verkürzung in:
Vsp. 68,5 berr ser í fjǫðrum
Hym. 34,3 hóf ser á hǫfuð upp etc.

In allen diesen Fällen zeigt es sich, dass die Streichung doch ihre bedenklichen Seiten hat: das Pronomen zu streichen, wo es der Sinn verlangt, und es wiederum stehen zu lassen, wo es vielleicht entbehrlich wäre, und das alles nur, um die betreffenden Verse den erfundenen Formen einzufügen; das kann doch nimmermehr ein wissenschaftliches Verfahren genannt werden. Lassen wir das Pronomen in Thrymskv. 17,4 und Hym. 18,1 fort, so bleiben in einer Kviþuháttrzeile nur drei Silben zurück; und lassen wir es in den Atlamál 65,3 und 96,4 fort, bleiben nur vier Silben in der Málaháttrzeile zurück; das sah Sievers auch ein und liess aus diesem Grunde das Pronomen stehen. —

C. Die Partikeln nú, svá, þá, þó.

Wir kommen zum letzten Teil unserer Untersuchung, zu den Partikeln nú, svá, þá, þó. Auch bei ihnen nimmt Sievers, wie bei den Pronominibus, zwei Möglichkeiten an: entweder er streicht sie oder nimmt Verkürzung zu nu, sva, þa, þo vor. Sievers streicht z. B. die Partikeln in folgenden Versen:

þá

Vsp. 6,1 [þá] gengu regin ǫll   9,1 23,1 25,1
„ 54,1 [þá] kømr inn mikli
„ 56,1 (þá) kømr inn mæri
„ 65,1 [þá] kømr inn riki
Atl. 74,3 fréttu hvat [þá] skyldi etc. (Thrymskv. 1,1; 12,1; Rþ. 46,6; Gu. II, 5,5.)

þó

Atl. 60,5 feginn lézk (þó) Hjalli; und aus Beitr. VI, 338
Hj. 1,5 [þó] þær hagligar
Hu. I, 47,3=II, 27,3 [þó] dugir Siklingum
Hu. I, 26,3 [þó] es i Hátúnum
Gu. II, 34,3 ok [þó] af niðjum

nú

Beispiele nur Beitr. VI, 337:
Grip. 20,1 [nú] fær mér ekka
„ 25,1 [nú] skal Sigurði
„ 26,5 [nú] vill vist vita
Gu. III, 6,1 kemra [nú] Gunnar
„ „ 6,7 [nú] verð-k sjǫlf fyr mik
Sig. 62,1 óqrt mælik [nú]

svá

Ohne Beleg in den im Kviþuháttr und Málaháttr abgefassten eddischen Gedichten, nur einmal

Lok. 14,1 [Veit-k] ef fyr utan væra-k   [svá] sem fyr innan em-k
                     Ægis hǫll um kominn.

Kürzung lässt Sievers eintreten:

þá

Vsp. 4,4 þa vas grund groïnn.

þó

Ohne Beleg in der Edda; Beispiele aus der Skaldenpoesie:
þó hykk fur viða fóru Vigaglúmss. (A. M.) 168 (Beitr. VIII, 56).

nú

Beispiele aus der Edda fehlen, aus der Skaldenpoesie:
Beitr. V, 462 nu em-k ellifu allra — Haraldr. H. 586
nu hefr folkstriðir Fróða — Eyvindr H. 111 (F. 29)
nu hef-k orrustur austan — Sigvatr. H. 297 (F. 71. O H. 21)
nu hykk rjóðanda réðu — Arnórr H. 515 (F. 95. O H. 234)
Beitr. VIII, 56 nu hykk sliðrhugaðs segja — Arnórr S E. I, 239
nu hef-k vatt i dag dróttins — Sigvatr Fms V, 211
nu hef-k fram komit fǫgrum Fas. I, 264 etc.

svá

Thrymskv. 39,5 Sva komr Óðins sonr endr at harmi
Beitr. V, 462 sva hefr ǫllungis illa — Olafr kgr. H. 446 (F. 88. O H. 185)
sva hef-k hermila harma — Hallfr. Hs. 102.
Beitr. VIII, 56 sva hefr ramr konungr remðan — Eilifr Guðrúnarsonr S E. I, 446.
sva hefr aldin goð goldit — Nikoláss ábóti S E. II, 186. —

Ich werde bei den Partikeln, abweichend von meinem Verfahren bei den Pronominibus, sogleich die Fälle betrachten, wo Streichung von Sievers vorgenommen wird, und erst dann zur Kürzung der Partikeln übergehen.

Wie aus den oben angeführten Beispielen zu ersehen ist, streicht Sievers nú, svá, þá, þó in den im Kviþuháttr verfassten Liedern 24 mal, in den im Málaháttr verfassten, nur: Atl. 60,5 und Atl. 74,3, also, da der erste Fall ihm selbst zweifelhaft erscheint, eigentlich nur ein Mal. Ein derartiges Verhältniss muss Bedenken erregen: warum sollten die Interpolatoren im Kviþuháttr schlimmer zu Werke gegangen sein als im Málaháttr? Ich glaube, hier geht noch deutlicher wie bei den Pronominibus Sievers Verfahren hervor: da es ihm im Kviþuháttr darauf ankam, möglichst Viersilbler für seine Typen zu bekommen, wird schonungslos gestrichen, was nur gestrichen werden kann; im Málaháttr aber gebrauchte er Fünfsilbler, also wird hier mit der grössten Schonung verfahren, und nur ein einziges Mal þá gestrichen. Werfen wir zum Schluss noch einen Blick auf die Vergleichung der Fälle, in welchen Sievers die Partikeln streicht und in welchen er sie stehen lässt; und zwar wird die Vǫluspá den interessantesten Vergleich bilden.

Rufen wir uns in Kürze die Weissagung der Scherin ins Gedächtniss zurück. Vor ihrem Auge steigt die Urzeit auf, das Alter, wo Sand nicht war, noch See, noch eiskalte Wogen; sie sieht die Asen in froher Unschuld auf dem Idafelde kindliche Spiele spielen, bis Gullweig geboren ward, die unheilvolle Zauberin: *da* gingen die Götter zum Richterstuhle, wie dem drohenden Übel abzuhelfen sei; doch es ist zu spät, schon entbrennt der erste Kampf; und weiter sieht die Seherin, wie das Verderben immer mehr hereinbricht: Frigg beweint in Fensal das Weh von Walhall: denn Baldr ist tot! Doch die Strafe bleibt nicht aus: *da* sieht sie Loki, den Mörder, liegen, gefesselt von Banden, aus Gedärmen gedreht. Und näher und näher rückt das Ende: schon schiesst durch die Wogen der Leichennachen, mit Loki an Bord; schon stürmt sengend vom Süden Surtur heran, schon klafft der Himmel auseinander: und *da* erlebt Frigg den zweiten Jammer; denn Oðinn stirbt im Kampf mit dem Fenriswolfe, und *da* fällt auch Freyr, ihr Liebling, vor Surturs Flammenschwert. *Da* eilt zur Rache schon Viðarr herbei, und während der Sohn den Vater rächt, *da* eilt Thor der Midgardschlange entgegen: zwar tötet er das Ungeheuer, doch erliegt er selbst ihrem Gift und Geifer. Und nun bricht unaufhaltsam das Ende herein: alle Wesen müssen die Walstatt räumen, die Sonne wird schwarz, in die See sinkt die Erde und prasselnd steigt die Lohe zum Himmel empor — — Und lange, lange Jahre vergehen, und zum andern Male taucht die Erde empor, schöner, als je sie gewesen. Die Asen finden sich wieder auf dem Idafelde, unbesät tragen die Äcker Früchte, das Böse muss schwinden, und Baldr kehrt heim. *Da* erkiest sich Hœnir zum Wahrsagen den Looszweig, und *da* kommt auch der Mächtige von Oben, der neue Allvater*.

Ich habe mit Absicht etwas ausführlicher hierbei verweilt und mit Absicht das „*da*" hervorgehoben. Denn dieses „*da*" giebt den geheimnisvollen Worten ein noch grossartigeres Gepräge: so oft die Seherin etwas ganz Ausserordentliches sagen will, beginnt sie mit Þá . . . . . . Kein einziges Þá begegnet uns mitten im Verse, alle stehen zu Anfang. Schon aus diesem Grunde würde ich eine Streichung von Þá für unbillig halten,

---

* Anmerkung. Einen Beweis für meine Auffassung, dass Þá als besonderer poetischer Schmuck in der Vǫluspá angewendet wurde, möchte ich auch darin sehen, dass in der jüngern Edda bei der Beschreibung vom Weltuntergange auffallend oft Þá erscheint; Capitel 51 z. B. beginnen sechs Sätze hintereinander mit Þá. Þá verðr Þat er mikil tiðindi Þykkja . . . . Þá tekr annarr úlfrinn tunglit . . . . Þá er ok Þat tiðinda . . . . Þá verðr Fenrisúlfr lauss . . . . Þá geysiz hafit . . . . Þá verðr ok Þat, at Naglfar losnar . . . . Und bald darauf heisst es wieder: Þá ríðr Oðinn til Mimisbrunns . . . . Þá skelfr askr Yggdrasills . . . . Þá er ok lauss orðinn hundrinn Garmr . . . . Þá fellr hann dauðr til jarðar.

um so mehr wenn dies so geschieht wie bei Sievers. Grade den markantesten Stellen nimmt Sievers durch sein Streichen ihre Erhabenheit. Z. B. [þá] gengu regin ǫll; Vsp. 54,1 [þá] komr inn mikli 56,1 [þá] komr inn mœri, und vor allem in den grandiosen Schlussworten: Vsp. 65,1 [þá] komr inn riki.

Es sind also lediglich Rücksichten für das von ihm aufgestellte Metrum, die Sievers beim Streichen bewegen; denn sonst ist es unbegreiflich, wie er in obigen Fällen þá streicht, es aber in ganz analogen Fällen stehen lässt, z. B.:

Vsp. 35,3 þá kná Vála
„ 53,1 þá komr Hlinar
„ 53,4 þá man Friggjar
„ 63,1 þá kná Hœnir; denn wenn Sievers hier þá striche, blieben nur 3 Silben; und wenn er es oben stehen liesse, blieben 5 Silben, die Kviþuháttrzeile aber verlangt nach Sievers 4 Silben*.

Das zweite Verfahren, dass Sievers bei den Partikeln anwandte, bestand darin, dass er sie kürzte; sehen wir, wie sich hierzu das Stockholmer Homilienbuch verhält. Wir möchten jedoch vorausschicken, was wir schon in der Einleitung hervorhoben, dass grade bei den am häufigsten vorkommenden Wörtern — und dazu gehören unstreitig die Partikeln nú, svá, þá — der Accent am leichtesten fehlt, und dass nur absolutes Fehlen des Accents Kürzung beweist.

Wir begegnen nú im St. H. ohne Accent:

4ᵃ Nu þó at vér sém
1²⁷ 4⁶ 6¹⁹ 8¹⁷ 9¹⁸ 10⁵ 10²¹ 11¹¹ 13¹⁶ 14²¹ 20² 20⁵ 20⁶ 20⁹ 22¹²
23¹⁸ 24⁵ 25³ 26²⁴ ²⁷ 29¹⁰ 30¹⁶ 31⁴ 32¹⁰ 32²¹ ²³ 33⁶ ¹¹ ¹⁸ 34¹¹ ²⁴ ³⁷
35⁶ 37¹ 40² ²⁷ ²⁸ 44²⁵ 45¹⁸ ²⁸ 46¹⁹ 48² ¹⁰ 49³¹ 50³⁰ ³¹ ⁵² 51¹¹ ²⁸ ³⁴
52⁷ ⁹ ²² ³¹ 53⁶ ¹³ ²⁰ ²⁶ ³² 54³⁰ 55¹⁷ ¹⁹ ²⁹ ³¹ 57¹² 59⁸ 60⁷ ²¹ ³⁰ ³⁴ 61²³
64²⁵ 66¹⁰ ²³ 68²⁸ 69³³ 70²⁶ 71⁹ ¹⁵ 73³⁴ 76³ ⁸ ²⁷ 77⁷ 78⁸ ¹⁴ ¹⁵ ²³ ³¹
79³ ¹⁰ ²⁰ ²¹ ²⁵ 83¹⁹ ²⁰ ²¹ 85¹³ ³¹ ³³ 86²¹ ²³ 87⁶ ⁷ ¹² 88¹⁰ ¹⁸ ²¹ 89¹⁴ 91¹³ ¹⁴
92²⁹ 93²¹ 94⁴ ¹⁵ ²⁴ 96¹⁸ ²⁷ 97¹⁹ ²³ ²⁴ 98²⁶ 102⁵ 103³⁷ 104⁴ ²² ²⁵ ²⁵
105⁹ ²² 106¹⁸ ³⁷ 107³ ²⁶ ³¹ 108⁶ ¹⁵ ²⁴ ²⁸ ³⁵ 109² 110¹⁵ ²⁶ 111⁶ ¹⁷ ¹⁸ ²¹ ²² ²²
113⁸ ¹⁰ ³⁶ 114²⁴ ²⁶ 115⁸ ³³ 116³¹ 117³ ²³ ³⁸ 118¹³ ²⁴ 119⁵ ²⁴ ³² ³⁴
121³ ⁶ ¹³ ¹⁴ ¹⁴ ¹⁸ 122³ ¹⁰ 124¹³ 127³⁵ 128⁵ ²³ ⁵¹ ³³ ³⁶ 129¹⁴ ¹⁸ ²⁰ ³³ 130¹⁴

---

* Anmerkung: Ich möchte noch auf einen Widerspruch bei Sievers hinweisen: Beitr. VI, 337 verlangt er Streichung von þá in Thrymskv. 1,1 Vreiðr varð þá VingÞórr, lässt aber in den Proben pag. 33 þá stehen und liest den Vers als Typus A mit nicht verschleifbarer Senkung.

132 11 21 31 132 33 133 1 134 20 30 135 35 137 13 35 36 138 8 29 139 13 20 22 23 38
140 4 22 141 39 143 3 32 33 35 147 35 148 1 150 32 33 34 151 1 3 30 152 2 15 16 37
153 23 26 27 28 29 37 154 3 4 13 22 155 13 14 31 32 156 20 37 157 10 14 19 21 32
158 35 37 159 15 20 161 1 15 21 162 11 163 7 18 164 2 18 165 6 10 23 166 23 167 38
168 10 15 34 169 15 19 26 170 2 5 173 38 175 8 32 178 18 184 22 187 7 8 13 14 189 25
190 31 194 19 202 35 203 29 209 25 211 12 14 213 26 214 30 35 215 6 8 19 21
216 11 13 36 217 7 34 218 8 14 16 20 21 31 23 24 36 220 1 28.

Auf nú mit Accent stossen wir an folgenden Stellen:
11 ²⁴ En er kom sú tiþ sem nú bǫlldom vér 13 ¹² þa bar ioan þat vitni
iesu at þar megoþér nú qvaþ hann — 20 ¹⁸ þau verþa upþof at þui at
vera at fa oss nú fœronefte 43 ³³ Hann reis upp af daúþa — — siþan
stó hann upp til himna oc sitr nú a heógre hǫnd feþr sinom 46 ⁴ ec
[varþ] útlagr goᴅ i nauþ þessa lifs er nú lifom vér 49 ⁸ Grótom vér synþer
órar þuiat sœler mono þeir er nú grata ill vere sin. 49 ⁸ Oc sęler mono
verþa þeir er hungraþer æro nú 49 ⁹ huat stoþar nú þeim er lifþo 49 ²²
Fagneþer nú oc gleþetsc ei oc ei 51 ¹ þat er œret blitt þycker nú. 65 ¹⁴
Góþ systkin skamt cigom |¦ ver nú til fagnaþar tíþa 65 ¹⁴ vesom nú góþer
— 95 ¹⁷ Lofa ec þér nú at leita til oc — 96 ³¹ Nú siþan es sátán hafi
leyfi teket 98 ¹⁶ Hvar ero góþ gerningar piner nú. 98 ²² hann lætr mic
nú hart hafa 172 ⁶ (nach Larsson) Siálfer heyrþom vér nú goþlœstom ór
hans muɴc 172 ⁹ — necqverer — hlógo oc mælto. Spáþu nú œistr.
175 ⁹ — necqverer — mælto. helias callar siá nú. 175 ¹⁵ Siǫm vér nú
hvárt helias meóno coma — 182 ¹⁷ Svasem fœrþom scófþr oxe mereþe
erist pixdan. sva merker nú siá oxe licams moinlǽte. —

Es sind dies also 21 Fälle, und bedenken wir ferner, dass hierunter
mit Sicherheit mindestens sechs Fälle zu verzeichnen sind, wo nú abundativ
steht, vollständig phraseologisch, z. t. als reine Übergangspartikel (13 ¹²
49 ³³ 65 ¹⁴ 96 ³¹ 172 ⁶ 175 ¹⁶) und erinnern wir uns, dass vor allem
Accentuation an unbetonter Stelle für zweifellose Länge spricht, so müssen
wir uns Sievers Annahme, nú zu verkürzen, mit Entschiedenheit
widersetzen.

Ganz ebenso verhält es sich mit svá und þá.

Svá ohne Accent finden wir:
2 1 5 21 3 2 7 11 13 17 6 14 25 35 38 7 1 6 14 20 23 26 32 36 8 24 9 3 22 35 10 7 7 14 25
11 14 20 38 12 6 7 9 13 13 10 14 17 19 27 30 37 15 1 5 6 22 16 5 10 18 28 33 20 3
21 4 20 24 27 22 14 15 21 24 26 31 23 15 21 24 26 24 14 26 25 5 27 27 16 18 26 30 4 17
31 21 21 32 8 32 22 33 9 10 26 27 29 34 34 6 14 36 35 18 36 13 16 37 20 30 38 17
40 7 52 42 12 15 33 43 27 44 13 16 22 23 45 1 2 6 24 33 33 46 17 20 23 47 10 27 31
48 1 2 14 17 50 3 17 19 21 26 28 33 36 52 4 7 15 36 37 53 1 9 19 26 54 31 55 20 56 31

43

57 6 58 31 59 9 60 10 13 61 6 24 62 26 64 10 19 31 65 9 21 26 37 66 6 67 24
71 18 19 25 72 18 73 21 31 37 74 3 13 14 36 77 14 20 22 25 78 12 79 1 4 22 24 28
80 20 30 81 1 24 82 19 83 4 85 21 27 88 5 32 90 30 39 91 2 3 8 92 13 14 94 14 16 27
95 12 97 18 25 31 98 10 15 17 17 31 99 35 100 1 23 25 101 6 9 12 19 102 11 16 18 32
35 37 103 1 24 37 104 5 10 14 24 105 20 21 106 8 10 24 25 27 28 30 31 33 36 107 15 34
108 3 4 9 18 33 109 14 21 110 23 26 26 35 111 5 12 27 30 32 35 112 1 10 113 11 13 15
18 35 114 12 16 19 32 34 115 5 5 8 24 37 38 116 28 30 33 33 117 27 33 33 34 118 6 7
10 10 12 14 15 19 24 37 119 9 10 16 17 17 25 26 27 33 36 38 120 6 20 21 25 28 30 30 31
32 35 36 121 5 7 9 14 122 7 34 123 2 10 14 124 10 18 31 125 2 25 25 37 126 1 14 30
127 3 23 24 28 128 5 11 16 19 20 26 29 29 32 129 14 27 37 38 130 21 23 32 34 35 131 8
22 33 35 132 16 18 33 133 14 134 5 135 5 137 8 36 138 9 29 139 16 30 140 1 27 35
141 5 8 37 142 3 10 143 12 144 13 14 29 145 26 147 32 149 29 150 10 24 151 23 30
152 3 18 22 33 153 10 17 30 154 17 25 36 155 10 34 156 9 11 23 27 30 31 36 157 2 6 15
18 20 30 158 8 19 21 26 27 32 159 6 21 23 160 1 14 17 20 23 29 32 161 2 13 15 162 4
14 17 27 38 163 13 16 37 164 4 10 28 165 23 27 38 166 17 20 26 34 167 4 7 15 30 35 36
168 2 4 6 19 32 169 2 29 31 170 12 171 29 173 37 174 1 29 179 12 181 6 30 182 6 17
183 1 184 4 14 32 33 36 185 9 36 186 20 189 11 26 35 190 5 6 27 191 10 10 20 22 29
192 20 193 12 15 194 20 195 29 196 14 31 197 2 5 6 22 24 28 29 31 35 38 198 3 4
11 21 26 199 8 20 24 200 8 204 16 208 6 35 209 13 210 6 24 25 211 17 38 212 34 39
213 22 215 11 14 30 216 1 4 10 12 13 15 217 7 14 218 3 8 8 33 219 18 220 6.

Pá ohne Accent steht an folgenden Stellen.

2 8 3 4 24 4 6 17 26 5 6 16 19 37 6 2 12 22 37 7 37 8 7 14 25 9 18 23 32 37 10 9 32
11 10 17 21 25 26 34 12 38 13 18 27 29 14 19 23 26 28 31 32 15 2 10 29 16 1 17 10 27
18 1 6 24 26 29 32 35 36 19 1 5 19 24 27 20 7 11 21 6 14 35 22 18 23 9 15 24 31 24 3 7
24 25 27 29 30 34 36 25 8 9 20 26 3 7 10 13 14 20 22 29 31 32 27 3 22 32 29 7 26 31 35
32 8 16 33 7 12 18 20 21 25 27 34 34 9 11 11 12 20 21 26 32 35 5 36 13 16 18 23 26 30 32
37 2 10 30 38 3 5 24 26 33 36 37 39 5 40 28 41 15 30 32 42 6 8 24 27 36 43 4 11 17
17 21 31 44 2 4 31 38 45 5 5 6 9 10 19 26 27 46 2 11 48 19 31 49 24 50 19 19 51 26
52 26 27 53 30 31 54 3 8 15 21 24 55 7 25 35 56 3 33 57 4 8 10 11 12 22 23 58 1 11 13 22
59 10 11 13 19 24 27 60 8 16 21 24 61 24 62 9 23 63 16 25 30 30 35 36 37 64 14 21 26
65 7 12 66 1 2 7 13 14 23 25 30 67 11 27 69 32 34 70 3 10 71 6 15 16 72 17 23 38
73 1 3 4 5 5 8 11 21 16 19 33 74 24 75 24 76 15 35 77 11 23 31 78 11 13 80 9 10 13 16
36 37 81 7 10 13 16 83 14 35 85 15 20 30 34 35 86 16 27 32 32 87 7 12 15 21 29 39
88 4 7 11 89 2 16 90 24 29 36 91 11 17 29 38 92 33 93 17 27 94 5 6 24 30 95 33
96 1 2 3 4 8 15 17 20 32 39 97 1 4 7 10 11 12 14 21 22 22 98 8 27 30 99 1 7 8 0 14 15
23 24 25 32 100 10 101 34 102 5 25 30 103 1 4 7 11 104 26 32 33 33 105 2 14 18 20 24
24 33 38 106 11 13 37 107 2 31 108 17 20 23 109 12 16 17 21 29 32 36 110 2 6 11 17 19 26
33 35 111 1 13 15 112 28 30 113 5 7 9 16 29 37 114 1 2 6 12 21 27 31 32 115 4 6 8
20 21 27 32 29 31 34 116 1 33 36 38 117 5 19 21 23 29 118 5 10 19 21 22 23 28 34 34 36 36

119 7 24 26 32 33 36 38 120 6 13 24 28 29 35 36 121 1 4 7 10 35 122 2 8 12 15 20 22 32 32 36 123 23 24 26 28 124 30 31 35 125 18 29 31 35 36 126 10 127 6 128 2 7 15 16 20 26 27 34 38 129 5 14 16 10 22 25 28 31 35 130 6 9 9 26 31 33 131 2 3 5 9 14 15 19 24 132 1 4 6 14 22 25 26 32 34 133 1 4 4 5 12 19 24 32 35 36 134 11 13 19 22 135 8 9 11 32 136 30 137 12 38 138 8 29 33 34 139 3 13 16 20 28 31 37 140 2 4 29 38 141 7 10 11 15 19 20 31 30 142 16 34 143 4 14 22 23 144 16 18 19 23 145 6 14 16 19 29 31 149 2 35 37 150 14 20 151 18 22 24 26 152 11 14 153 1 15 20 27 34 36 37 154 1 5 8 10 10 13 18 18 23 155 5 5 9 15 16 16 18 22 26 28 30 34 36 156 25 26 157 23 158 11 28 35 38 159 2 20 30 160 4 5 8 10 27 30 161 23 162 38 163 14 17 164 8 16 19 25 27 29 34 165 2 11 24 26 166 10 12 13 22 167 29 168 1 6 19 20 25 29 30 32 169 11 17 18 21 30 170 24 29 30 32 171 1 5 8 14 19 20 21 30 31 31 35 37 39 172 4 7 11 11 12 16 23 28 31 33 34 173 2 7 10 16 22 28 29 30 32 37 174 3 6 8 10 11 14 19 20 33 35 175 3 7 8 9 17 19 26 29 31 176 5 7 22 177 37 178 4 28 29 33 30 36 179 1 3 12 16 19 20 33 37 39 180 1 6 12 32 182 3 8 12 21 26 183 4 9 11 29 31 184 10 15 27 35 37 186 27 28 187 10 12 14 16 17 26 30 32 35 35 188 3 8 11 12 19 21 24 189 3 23 27 190 24 38 191 3 9 15 18 192 7 33 36 193 18 20 21 26 32 34 34 194 30 195 6 23 196 27 35 197 4 7 14 16 18 36 198 35 199 8 21 24 27 200 41 201 18 27 30 33 34 202 1 2 9 10 14 22 23 37 203 7 13 16 21 23 29 33 35 36 204 2 5 6 9 11 17 27 30 32 205 3 8 11 16 20 25 26 31 33 206 17 20 33 35 36 207 2 10 16 17 20 30 32 208 16 21 209 4 7 13 16 31 37 210 9 10 12 211 13 16 31 214 4 7 27 29 30 32 32 215 5 5 27 33 36 216 13 20 27 30 217 3 4 6 9 17 18 25 33 218 4 18 32 36 37 219 9 10 220 27 28.

Svá mit Accent findet sich:

12¹⁶ þat var hvártke heógt ne scrautleet. þaxeg svá varaþese hann synþer skratz oc hógexda. 27¹¹ Sicut — til qvomo sunar guþs. svá sexdese — 28¹⁸ Ex mæler hann svá. Sia es dagr sa es drottex gerþe. 31²⁰ Hann scolom vér svá biþia. Fyrgefþo osн ... 32⁴ Nu biþiom ver svá. Lát þu þetta eige verþa ... 36⁷ Hvrst merker elle. þuiat svá þveru likams all viþ elle sem ... 37¹⁸ Sedulius scáld seger svá frn pisl — 37²⁰ Hverr es svá siner at — 44¹⁷ Skipon su oll es maþr hagar svá likam — at 44²² — at aldrege verþa synþer órar svá stórar — at 52²⁴ at eige se hann svá avitaþr — 66¹² Vér eigom svá a vallt — at 94¹¹ fyr þui at svá mæler dominus — at 97²⁰ Nu varþ hann eige verr viþ freistina an svá 98⁵ ef hann vissi fyrer at svá mikill munr — 112²⁷ oc þeir missa sva ánstar verea grátsens — sem — 113¹³ Afþui es östen sva seylld. oc es svá góþ 113³⁶ Allz þu mæler svá drottex meþ muxe ; spamanz 121²⁴ en su en litlu fózla óx svá viþ útet. at ... 141⁵ Seger drótten svá ef vándr — 154³⁶ oc þess beþet at svá seyle guþ gera — sem ... 155* exdu svá oc — 161²² svasem nu ero helger mex hans eþa svá góþer mex — sem ... 162* fyrþui at svá er rétt — at 163⁵ oc baúþ svá i forno laga haldi — at . . . 165 ²¹ cro góþer einer hvergi nema i himinriki. oc svá en oc iller 178 ³⁶ En es goþs váttr georþe svá. Þa sýnde hann — 179 ¹⁰ alþui at necquer mæle svá í hugreningo 189 ³⁵ — spámaþr mælte svá. 198 ³⁷ scolom vér svá reiþnsc at . . . 199 ⁵ vér biþiom svá goþ oss fyr gefa — sem . . . 205 ² Jeronimo preste at hafa þaþan helgan bœr. oc svá af helgom dóme stephanuss 210 ⁵ enda elske hann svá nænga sina sem . . .

Auch unter diesen 34 Fällen steht svá einige Male vollständig abundativ und ohne Emphase, ist aber trotzdem zum Zeichen der Länge mit Accent versehen, z. B. 27 ¹¹ wäre wegen des vorausgehenden sicut svá zu entbehren, ebenso wegen des folgenden oder vorhergehenden sem 36 ⁷ 112 ²⁷ 154 ³⁴ 161 ²² 199 ⁵ 210 ⁸ (dasselbe thut auch Sievers, wenn er Lokasenna 14.1 svá streicht); 28 ¹⁸ 31 ²⁰ 37 ¹⁵ liegt der Ton nicht auf svá (folgendermassen), sondern auf dem Inhalt, der svá folgt; und völlig 165 ²¹ 205 ² ist die Bedeutung von svá derartig abgeblasst, dass es zur Begleichung von „und dann", „und weiter" gebraucht wird.

Þá mit Accent steht:
35 ¹⁵ Hann sette fosto þá til árs 40 ²⁵ oc sende þá at segia mønom Innan. 60 ³⁷ oc biöþe oss þá til çivistar meþ sér 85 ³¹ muno þá fara 85 ⁸⁸ Forom ver oc þá goþe turtura 87 ¹⁶ Alþui at hann þyckisc þa mest comasc fyr allan þrifnoþ þeira. oc under sic spenia þá. þeirro en sumer er heyra vilia. 87 ²³ Su þótte þióþ þá i verra lage en samverska 87 ³⁶ Satt segþe hann þót hann telþe þá diofolóþa 87 ⁸⁸ — sem hann gylde þeim þá illyrþe sin. 94 ²⁴ þá má hver . . . 96 ²¹ þót guþ láti þá í næcqveni freistni verþa 98 ¹⁰ hui scylim vér þá oc eige bera leita hina 105 ²³ er þat þá hván sem til fýstesc 107 ⁸ þuiat þá megom vér 112 ⁸⁸ En þá légesc fiall — 114 ²⁶ alþui at þá hogiom vér sva at — 116 ¹⁵ oc sitr þá miskipon 119 ¹ oc vele hann etke þessa þrinia sér til handa þá neyþer sá guþ 120 ⁸⁸ þui at þó gøre annar þá þót hann mege 138 ⁸⁹ — þat veitt es drótten vár lét þa styrma 155 ¹⁹ þat er þá liver epter 164 ⁸⁷ oc lét drepa vikinga þá oc brendi upp — 165 ⁸ at þá mælti conungr 175 ¹⁶ En þá callaþe iesus 204 ⁷ fyrþui at etke et illa má þá þeim at bende coma 214 ⁸⁸ hvat scolom vér þá vessaler (nach Larsson) 217 ⁸⁶ scolom vér þá gera meira . . . 217 ⁸⁶ Hui scal en s/me cige taka meþ þer þo fornan cyrtel þá. sa es meþ þér scal taka eilifess prýþena 218 ¹⁷ þuiat mic hungraþe oc gófoþ ér mér þá at eta.

Es sind dies also 28 Fälle; bedenken wir nun, dass þá im Allgemeinen reine Übergangspartikel ist und daher zum Zusammenhang nicht durchaus nötig ist (z. B. 40²⁵ 60³⁷ 85⁴⁴ 87¹⁶·²³·²⁶·²⁹ 96²⁴ 116⁴⁴ 119¹ 120²⁰ 138³³ 164⁴⁷ 204⁷ 217⁴⁶ 218¹⁷), trotzdem aber zum Zeichen der Länge mit Accent versehen ist, so ist es nicht gerechtfertigt von Sievers, þá in þa zu verkürzen, ebenso wenig wie nú zu nu und svá zu sva. Etwas anders verhält es sich mit þó. Þó ist nicht etwa reine Übergangspartikel, sondern wird gebraucht, um den Gegensatz auszudrücken: ‚dennoch, trotzdem'. Þó steht daher immer mit einem gewissen Nachdruck, und es würde sehr auffällig sein, wenn es gekürzt würde; und in deutlich hervortretendem Gegensatz zu nú, svá, þá überwiegen im St. H. bei þó die accentuirten Formen.

Þó ohne Accent finden wir nur 31 mal:

5²² en þo hefer maría 50³² 63²⁰ 66³¹ 73²⁵ 77³⁹ 78²³ 80⁹ 87¹⁷·³⁸ 90¹⁹ 92¹⁹·²⁰·²²·⁴⁶ 93⁶ 106¹⁶ 114²⁰ 115²⁰ 117²⁰ 119⁷ 127¹⁶ 154²⁵ 158¹⁵ 159³⁴ 164¹⁰ 169¹⁰ 172²⁵ 187⁴ 202²³ 217³⁶

Þó mit Accent aber finden wir 100 mal:

3⁴ þa eigom [vér] þó meire costgæfe 3³⁸ En allz þó vill guþ siálfr 4¹⁸ ef ér þekceczt þó vel hans orþ — 5¹⁹ þa virde hon sic þó litils oc vas 6⁸ En þó es ein hexar iartein helgare 7²⁴ en þó mátte eige — 11¹⁵ en þó visso þeir 14³⁸ þat es þó firde þa synþom 21² þat er oss vosamlect at þó mege vere 21¹⁷ þa er þó ex sem naupsyn beiþe 21¹⁸ viþ hui varasc skal alz þó verþr mioc langt 22⁸ þa ér þó torvellegre byrþr 24¹⁹ en þó beiþer oss 33⁵ en þó heita þeir 38¹⁹ ef þó fyr litom vér 50¹⁴ oc vilia þó misgera 52⁴⁶ Fagne þó af sva dýrlegre giof 53¹¹ hafe hann þó goþan vilian 58⁴⁴ eige sa hann son sin hia sér en þó sagþe hann 58³⁰ — sem guþ virþi þeir en þó meta þeir — 59³¹ Heraþ várt er paradis. en þó er oss baᴺat 62⁹ þa scal hann þó ifa laust vetta sér licnar 79³⁰ en iordon þó criz oc es heilog 87⁸ oc lét hann þó ser sóma 92⁹ en þeir standa þó of valt i guþs liósе 92¹⁸ oc mælte þó dauid sva 92¹⁵ En sva ero sumer hluter ser hveriom eignaþer i himnaborg. at þó eignesc aller allt saman. 92³⁴ oc ma þó enge sæll verþa 93²⁴ oc sé honom þó lofat 93³⁵ taka scal hann þó páska 94⁷ þa má siá huc miclo bitt es þó ex scylldra 95⁸ en þar er at eins gerrer þat þó es hann tekcr 97¹⁰ Oc ex nócqve siþan oc þó eige 97³⁰ oc ósárara þó necqvi 110³⁶ þa scal hann þó sva virþa 113⁵ þa stoþar mer þat þó allt etke 113¹² oc scal þó nockerom orþom 114³⁶ enda gelldr þó leiþ vitet 114⁴⁶ allra hellzt ef þó hefer hann 115¹¹ es þal sanar at þó mone 115⁸³ Nu ef þó scall illz giallda 115⁸⁷ þat es biargkostr. oc þó ex lægsto 116⁴ En þó holldom vér 117²⁷ Sva es þó þegar þót maþr gere — 119¹ Þá neyþer sá guþ til þess ens harpa dóms. oc þó ens rétta dóms 120¹³ þa nýtr þó sa es fyr honom baþ 121⁶ oc ero þó rænter aþrer andfeótingar 121⁶ gefe einom allt at þó se enge 123²² vér scolom bǽþe meþa hyggio oc þó meþ unaþe framfora 140²⁴ oc es þó engi hennar hotiþ gofgari en siá. 148¹⁹ þa es þó iesús eiɴ einga sonr hans 154²⁴ oc ofundar þó engi þeira 157⁷ oc villde hann þó þat virþa 158²² oc muno þó fram coma 158²⁶ þa sióm vér at þó er morgom fram comet 162¹³ oc es þó ein speeþ altsaman 164¹⁵ oc er þó ágirnin 168²² oc vitom ver þó etki 183¹⁰ en ener yngre merkia — þa es þó hafa — 183⁵⁰ oc gera þeir þó til þess 189¹⁵ Nu hæfom vér reótt necqvat of ena ytra skilning guþspiallz eɴs. en þó ero eɴ epter 195³ En alz þó veit ec 195⁶ þa vil |¦ ec þó þér felasc 197¹² Rike goþs es nú mon a vallt vera. en þó es mɑɴnom siálfræþe miket gefet 198⁸⁷ at eige scylem vér þó unom licnar uɴa 203⁶ Viþr þér þó vel þœrf 206¹⁴ En þó lagþo frǽndr 206⁸⁹ oc fór þó at søkia 209⁸ þa mátte þó ifa kynþeiʀa 215¹⁴ þa scolom vér allrahellzt þó á burþar tiþ drottens sem . . . 218¹¹ heldr scal hagspaclega vera oc þó sǿmelega at —.

Also auch bei þó ergiebt sich dasselbe Resultat wie bei nú, svá, þá, das nemlich, dass Verkürzung nicht eingetreten ist.

Aber auch Sievers selbst scheint auf die Kürzung der Partikeln nicht viel Gewicht zu legen, wenigstens nicht in der Eddametrik. Denn nur an zwei Stellen lässt er sie eintreten: Vsp. 4,7 þa vas grund groïnn und Thrymskv. 32,5 sva komr Óðins sonr. Ist es nicht wunderbar, dass bei den 5 Gedichten, die Sievers in den Proben behandelt, nur zwei solche Fälle sich befinden? und ist es ferner nicht wunderbar, dass wie bei den Pronominibus mér, þér, sér diese Fälle bei den im Kviþuháttr verfassten Gedichten sich finden, kein einziger Fall aber in den 102 Strophen umfassenden Atlamál? Überblicken wir nun den letzten Teil unserer Untersuchung, so zeigt sich, dass einerseits die von Sievers vorgenommene Streichung nicht zu billigen war, andererseits Kürzung überhaupt nicht stattgefunden hat; mithin wenn wir die Partikeln beibehalten, müssen sie als lang stehen, die beiden gekürzten Stellen sind ebenfalls lang zu lesen und somit ergiebt sich eine ganz bedeutende neue Anzahl von Fünfsilblern im Kviþuháttr. — — —

Wir stehen am Ende unserer Untersuchung. Wir haben gesehen, dass Sievers' Regeln sowohl bei den zweisilbigen Formen (vǫrum u. s. w.), als bei den einsilbigen (Pronomina und Partikeln) nicht aufrecht zu halten waren. Wir haben gesehen, dass einerseits niemals Kürzung bei den Praeteritalformen von vera, den Pronominibus (etwa ausser þú) und den Partikeln stattgefunden hat, andererseits aber Sievers' Praxis im Streichen und Kürzen der Pronomina und Partikeln im Kviþuháttr und Málaháttr eine ganz verschiedene war. Im Kviþuháttr streicht Sievers alles, was gestrichen werden kann, ohne direkt den Sinn zu entstellen; im Málaháttr lässt er in ganz analogen Fällen fast alles stehen; im kviþuháttr nimmt Sievers an verschiedenen Stellen Kürzung an, niemals im Málaháttr. Eine Praxis also, die darauf ausgeht, im Kviþuháttr die betreffenden Formen zu streichen oder zu kürzen, sie im Málaháttr aber stehen zu lassen und zwar als lang, kann nicht richtig sein. Müssen die betreffenden Formen im Málaháttr bleiben, und zwar als lange, müssen sie es auch in einer Anzahl von Fällen im kviþuháttr.

Was wir nun hier bei den Praeteritalformen von vera; þú, ér, vér, mér, þér, sér; nú, svá, þá, þó hinsichtlich des Kürzens resp. des Streichens ausgeführt haben, lässt sich natürlich auch auf die übrigen von Sievers behandelten Formen übertragen: mit den Pronominibus hónum, hann, hón; it, vit; þeir, þær, þau; mik, þik, sik; minn, þinn, sinn; den Partikeln þar, hér, ok, unz verhält es sich ebenso: wir haben die oben ausgeführten Beispiele gewählt, weil Sievers auf sie doppeltes Verfahren anwandte, Streichung und Kürzung.

Lassen wir nun alle die von Sievers angefochtenen Formen bestehen und zwar als lange (ausser þú), so wird dadurch einerseits die Anzahl der Fünfsilbler im Kviþuháttr ganz ausserordentlich vermehrt, andererseits erhalten wir im Málaháttr eine grosse Reihe von Sechssilblern:

z. B. Atl. 16,3 svá vér mættim ekki
„ 18,3 at véri hamr Atla etc.; und sogar von Siebensilblern:
„ 21,1 Gorvan hugðu-k þér gálga
„ 41,4 hreytti hón þeim gorvǫllum etc.

Nehmen wir die verschiedenen Zweisilbler hinzu, die sich in der Edda finden:
Hávamál 40,1 fjár sins
„ 75,1 76,1 deyr fé
Grm. 21,1 þýtr Þund
„ 21,4 árstraumr
Rm. 4,1 ofrgjǫld
Sdrm. 31 heill dagr; dazu die zahlreichen Dreisilbler:
Vsp. 32,8 mistilteinn
„ 43,4 glaðr Eggþér
Thrymskv. 16,2 Þrúðugr áss u. s. w. (es sind im ganzen 84 Dreisilbler, vgl. Beitr. VI, 308 ff.); ferner die echten Viersilbler, die ursprünglichen

sowie die wiederhergestellten Fünfsilbler; für das Málaháttr ferner sowohl die Vier- und Fünfsilbler, als auch die Sechs- und Siebensilbler, so wird wohl mit Recht die Frage sich aufdrängen, ob es überhaupt jemals für die Eddalieder ein einheitliches Metrum gegeben habe; schwerlich kann dieses, wie Sievers mit so grosser Kunst zu beweisen versucht, ein silbenzählendes gewesen sein; man müsste vielleicht ein Metrum annehmen, etwa der Art, wie es Hoffory für die Vølundarkviþa thut, in welchem Vier- und Fünfsilbler frei mit einander abwechseln (Göttingische gelehrte Anzeigen Nr. 5, 1888).

Es wird gebeten zu lesen statt: ‚Vol.' (Voluspá) Vsp.; statt ‚Atlamǫ́l' Atlamál und zwar als Plural.

Druck von August Hopfer in Burg.